Gagner le combat du Pacte vert

PASCAL CANFIN

Gagner le combat du Pacte vert

Une révolution en danger

Odile Jacob

3, rue Auguste-Comte, 75006 Paris

www.odilejacob.fr

ISBN : 978-2-4150-1283-0

À Claire pour ses conseils et sa complicité.
À mes enfants, dont une partie
de l'avenir s'écrit avec le Pacte vert,
à toutes celles et à tous ceux qui font vivre
l'écologie depuis des décennies.

INTRODUCTION

Des mines du Pas-de-Calais au Parlement européen

Mon grand-père paternel était mineur de fond à Sin-le-Noble à quelques kilomètres de Douai, dans le Nord de la France. Il a passé ses journées sous terre, dans des galeries où il était impossible de se tenir debout, à extraire le charbon qui a permis la révolution industrielle. Il en est mort, comme tant de mineurs, emporté par la silicose qui a détruit ses poumons. Mon père, lui, a passé sa jeunesse dans les corons, et même quelques années dans les mines. Je suis l'héritier de cette histoire ouvrière, celle de millions de personnes, Français et immigrés, qui ont donné leur vie pour faire de la France une grande puissance économique.

Je suis né dans le Nord-Pas-de-Calais, il y a cinquante ans. J'y ai touché du doigt la désindustrialisation, la fermeture des mines et la désolation qui s'est emparée de certains territoires. Mais aussi la formidable énergie positive de celles et ceux qui ont relevé le défi de reconstruire l'économie de la région. C'est au nom de cette histoire personnelle, très éloignée des beaux quartiers de Paris, que je me suis engagé dans la chose publique. Et que je me bats pour toujours réinventer le progrès* et le partager.

---

* Laurent Berger, Pascal Canfin, *Réinventer le progrès. Entretiens avec Philippe Frémeaux*, Les Petits Matins, 2016.

L'écologie et l'Europe, deux grands moteurs de mon engagement

Au XXIᵉ siècle, le progrès, dans un monde qui touche aux limites physiques de la planète, est impossible sans la transformation écologique de notre économie. Le progrès, dans un monde qui se fragmente sous l'effet de la résurgence des nationalismes, c'est la consolidation de cet espace de paix, inédit et miraculeux après deux guerres mondiales, qu'est l'Union européenne. L'écologie et l'Europe, voilà deux grands moteurs de mon engagement. Et c'est justement le cœur du Pacte vert européen.

« Le Pacte vert est un projet équivalent à la décision prise par les États-Unis d'envoyer un homme sur la Lune » : c'est par ces mots que la présidente de la Commission européenne, Ursula von der Leyen, lance en 2019 cette véritable révolution. Et, effectivement, il s'agit d'un des projets les plus ambitieux que l'Europe ait décidé dans son histoire récente : devenir le premier continent neutre en carbone en une génération, d'ici à 2050, conformément aux engagements pris dans le cadre de l'accord de Paris sur le climat en 2015.

Le Pacte vert est donc né en 2019. Mais son histoire n'a pas encore été écrite. Et, dans sa courte vie, il a déjà connu de nombreux rebondissements : le Covid-19, en 2020, qui pousse les États à enclencher une relance économique massive au profit des investissements verts ; l'invasion de l'Ukraine par la Russie en 2022, qui fait exploser à la figure des Européens leur dépendance au gaz russe et donne un argument supplémentaire à la décarbonation de notre économie ; la crise agricole, à l'hiver 2024, qui met le Pacte vert au banc des accusés ; la montée de l'extrême droite aux élections européennes de juin 2024 alors que celle-ci, partout en Europe, fait de l'opposition aux politiques climatiques un élément nouveau de son identité politique ; et, enfin, le retour de Donald Trump à la Maison Blanche qui rebat les cartes géopolitiques. Et cette histoire continue de s'écrire car il ne se passe pas une semaine sans que le débat public ne fasse écho à l'une des dimensions du Pacte vert : fin de la vente des voitures non zéro émissions de CO_2 en 2035, droits de douane sur les voitures électriques chinoises, débat permanent entre la France et l'Allemagne sur le nucléaire…

Un récit de l'intérieur

J'ai donc décidé d'écrire l'histoire du Pacte vert européen, vécue de l'intérieur. En 2019, je quitte mes fonctions de directeur général du WWF France et rejoins la liste de la majorité présidentielle d'Emmanuel Macron pour les élections européennes de mai. Je m'y engage notamment au nom de la lutte contre le dérèglement climatique, et je deviens président de la commission de l'Environnement, de la Santé publique et de la Sécurité alimentaire du Parlement européen en juillet 2019, qui devient la commission la plus importante (en nombre de députés) de l'ensemble du Parlement. C'est à cette période que naît le Pacte vert, conçu comme un ensemble systémique de changements des règles du jeu. En décembre 2019, la feuille de route détaillée, son ADN, est publiée par la Commission européenne. Nous nous engageons alors dans la modification de plusieurs dizaines de lois européennes pour nous donner les moyens d'enclencher ce changement économique profond. C'est l'histoire de ces négociations, ce grand jeu d'influence entre les pays, entre les entreprises, entre les lobbies, entre les puissances non européennes et l'Union, entre les partis politiques, etc., que je raconte ici.

Depuis que je me suis engagé en politique en 2009, lors de mon premier mandat au Parlement européen au sein du groupe des Verts, j'ai toujours eu à cœur de donner une rationalité économique à mon action en faveur de l'écologie. Et, inversement, de transformer les règles du jeu économique pour les rendre compatibles avec les limites de la planète. Cette double culture – économique et écologique – est, je m'en suis souvent aperçu, assez rare. Or c'est la jonction des deux univers qui apportera les solutions à grande échelle.

La contre-offensive de l'extrême droite

On ne résoudra pas la crise climatique sans changements profonds dans nos politiques financières, industrielles, commerciales, etc. C'est justement le cœur du Pacte vert européen. Il se concentre sur les politiques publiques que nous avons choisi de mettre en commun à 27 États membres : accords commerciaux, prix européen du carbone pour nos industries, standards CO_2 pour les constructeurs automobiles, règles qui encadrent les marchés financiers ou encore la politique agricole commune. Tout cela est démocratiquement décidé à 27. C'est donc à Bruxelles que cela se joue.

En revanche, dans ce livre, je ne parlerai presque jamais de pacte alimentaire local, de pistes cyclables ou de fiscalité, car ce sont des politiques locales ou nationales. Le Pacte vert européen est une brique essentielle dans un ensemble encore plus large. Et c'est bien l'addition des bonnes politiques à l'ensemble de ces échelons qui nous mènera au succès de la bataille contre le changement climatique.

Enfin, ce livre est aussi l'expression d'une « théorie du changement ». Le Pacte vert est une transformation radicale de notre économie et de certains de nos comportements et modes de vie. Il nous faut donc « penser le changement », c'est-à-dire nous doter d'une méthode, d'une vision, qui nous permet de passer du point A au point B. Imaginer que nous allons mener l'un des plus grands changements de notre histoire pour aller vers la neutralité climat sans à-coups, sans tensions est d'une grande naïveté. Nous sommes maintenant entrés dans le dur de la transition écologique. Et le dur… c'est dur.

Je ne me suis pas engagé en politique pour faire ce qui est facile, mais pour faire ce qui est nécessaire. Ces tensions, il faut s'y préparer et s'organiser pour y faire face et répondre aux angoisses légitimes liées à tout changement social de grande ampleur. Sans rien céder à l'offensive antiécologique menée par l'extrême droite et une partie de la droite pour démanteler le Pacte vert.

Savoir réviser ce qui ne fonctionne pas, accélérer sur ce qui fonctionne, passer les compromis qui permettent d'avancer dans la bonne direction même si le résultat n'est pas parfait, ne pas tomber dans les pièges tendus par ceux qui vivent des rentes de l'économie fossile, s'allier aux innovateurs qui changent le monde… le tout sans jamais perdre le cap ni l'énergie positive qui embarque. Voilà mon travail, ma mission. Pour la mener à bien, j'applique la recette que m'a donnée un jour, lors de mon premier mandat, alors que je découvrais l'exercice de la politique, Pervenche Berès, présidente sortante de la commission des Affaires économiques et monétaires du Parlement européen. Cette recette, c'est le « théorème de l'hélicoptère et de la virgule ». Un bon responsable politique, disait-elle, doit toujours garder une vue d'ensemble des problèmes, la vue d'hélicoptère, qui permet de relier les points entre eux, d'anticiper les mouvements et de trouver les solutions créatives. Et il doit également être capable de se plonger dans les virgules de l'annexe d'une loi négociée à 4 heures du matin, car le diable se cache toujours dans les détails. Je m'efforce chaque jour de suivre cette discipline et de satisfaire cette exigence.

PREMIÈRE PARTIE

Les Européens face au Pacte vert

CHAPITRE 1

Le Pacte vert : une révolution menacée

La mobilisation de la jeunesse dans les rues des grandes villes européennes, la multiplication des événements climatiques extrêmes comme la sécheresse du printemps et de l'été 2018, l'arrivée sur le marché des technologies vertes matures comme les batteries ou les énergies renouvelables, etc., tout cela crée en 2019 un climat politique inédit. Je suis engagé sur les questions écologiques depuis plus de vingt ans et je n'ai jamais vu un tel « alignement de planètes », si propice à l'action.

En tant que nouveau président de la commission de l'Environnement du Parlement européen, commission parlementaire qui a en charge le traitement législatif des textes liés au climat, à la biodiversité, à l'économie circulaire, à la lutte contre les pollutions, à la réduction des pesticides, etc., je suis associé dès le mois de juillet 2019 à la conception du Pacte vert, pilotée au sein de la Commission européenne par le vice-président socialiste hollandais Frans Timmermans*. Il s'agit de donner corps au changement systémique qu'impliquent les nouveaux objectifs. Car se donner comme but de devenir neutre en carbone en trente ans, c'est-à-dire en une

* Voir l'annexe « Qui décide quoi en Europe ? », p. 263.

génération, c'est organiser une véritable révolution dans tous les domaines de notre économie : révolution industrielle et énergétique, changement rapide des technologies qui reposent sur le carbone, comme le moteur de nos voitures et des camions qui transportent nos marchandises, transformation de la finance, des règles du jeu du commerce mondial, de la production de notre alimentation, etc. Pour la première fois, tout est sur la table.

Une opportunité historique

L'opportunité est historique, je la saisis. En novembre 2019, je propose que le Parlement européen décrète l'état d'urgence climatique. Une initiative inspirée de ce qu'avait déjà voté le Royaume-Uni, mais unique à l'échelle d'un continent. La résolution que je rédige est adoptée par 429 voix contre 225. Elle symbolise la prise de conscience nouvelle qui anime l'assemblée des élus européens.

Puis, mois après mois, la feuille de route du Pacte vert se déploie. Régulièrement, au cours de mon mandat, je fais le décompte de l'ensemble des réglementations que nous créerons ou, plus souvent, que nous amendons pour les aligner avec les nouveaux objectifs. Au début de l'année 2024, à l'approche des élections européennes de juin, je dénombre plus de 75 réformes législatives européennes que l'on peut rattacher au Pacte vert. Ce ne sont pas 75 lois « en plus », symboles d'une bureaucratie devenue folle. Mais 75 changements législatifs qui connectent les points entre eux pour bâtir un ensemble cohérent. Ces nouvelles règles sont au cœur de ce livre. Elles ont toutes été adoptées de manière démocratique, votées par le Parlement européen et les États membres, après des processus de concertation avec les entreprises et de longues négociations politiques.

L'essentiel de ces lois a été adopté avec le soutien du groupe politique du PPE (la droite européenne). C'est le cas par exemple de la réforme du marché du carbone, du mécanisme d'ajustement carbone aux frontières ou encore de l'augmentation de 30 à 42 % d'ici à 2030 de la part des énergies renouvelables dans la consommation d'énergie européenne. Certaines lois ont, à l'inverse, été votées au Parlement par une majorité associant tous les groupes de gauche, des verts, du centre et d'une partie minoritaire du PPE. Cette majorité dite « progressiste » a voté par exemple la loi sur la déforestation, celle sur la restauration de la nature ou bien encore celle sur la réduction des emballages plastiques, contre la majorité du PPE.

Deux éléments politiques ont permis ce moment inédit qui a défini, pour la première fois en Europe et dans le monde, un programme législatif aussi transformationnel. Le premier est le fort degré de consensus atteint en 2019 après les élections européennes sur la nécessité et la possibilité d'une action historique pour le climat. Que ce soit par conviction profonde, par prise de conscience face aux événements climatiques, par souci de suivre la nouvelle mode ou pour faire plaisir à ses enfants… les décideurs publics et privés se mettent à soutenir des réformes qu'ils ne soutenaient tout simplement pas avant. Le second élément est l'existence de majorités politiques pour donner corps à cette nouvelle opportunité. Ce fut le cas au Parlement européen, mais aussi au Conseil, qui regroupe les États membres, généralement sous l'impulsion de quelques pays leaders dont, au premier rang, la France, les pays scandinaves, les Pays-Bas ou l'Espagne.

Une révolution qui touche tous les domaines économiques

Pendant les trois premières années du Pacte vert, de 2019 à 2022, peu de gens prennent conscience de l'ampleur de la transformation en cours. Le *la* est encore donné par Greta Thunberg, que je reçois en tant que président de la commission de l'Environnement en mars 2020 au Parlement européen. Le jour de sa venue la salle est archicomble. Elle prononce un discours globalement critique sur les décisions des responsables politiques. Je mesure l'importance de l'énergie qu'elle apporte avec elle. Je vois aussi les limites d'un discours, qui rappelle à juste titre les faits scientifiques sur le climat, mais qui ne propose pas de théorie du changement pour y parvenir et qui tend à laisser penser que les choses, au fond, seront simples.

Lorsque nous trouvons quelques mois plus tard, au milieu de la nuit, l'accord final sur la loi climat européenne*, je suis le matin même invité de la matinale de France Inter, depuis les studios du Parlement à Bruxelles, après deux petites heures de récupération sur le canapé de mon bureau. Les questions montrent bien la difficulté à croire que : « Cette fois, c'est différent ». La neutralité carbone en 2050 paraît une échéance lointaine, et, en France, les émissions de CO_2 n'ont pas encore commencé à baisser significativement, comme elles le feront à partir de 2022.

Nous prenons donc pendant trois ans un ensemble de réformes sans parvenir complètement à modifier la perception

---

* Voir chapitre suivant « Les principaux objectifs du Pacte vert ».

du public qu'un changement historique est en train de se produire. Oui, nous sommes, « pour de vrai », en train d'instaurer un prix du carbone proche de 100 euros pour nos entreprises, alors que celui-ci stagnait à quelques euros la tonne depuis dix ans. Oui, nous allons vraiment interdire la vente en Europe de produits agricoles qui génèrent la déforestation des forêts tropicales au Brésil ou en Indonésie. Oui, nous allons effectivement exiger que 100 % des voitures neuves vendues en Europe à partir de 2035 soient zéro émission de CO_2, etc.

Dans cette transformation profonde, la France a joué un rôle majeur, jusqu'en 2024, qui a été largement sous-estimé par les médias français. Alors que son implication forte est reconnue par tous à Bruxelles, le même gouvernement est, à Paris, l'objet de critiques pour inaction climatique. Or, il faut le rappeler, si les chefs d'État et de gouvernement se sont mis d'accord en décembre 2019 pour soutenir officiellement l'objectif radical de la neutralité carbone en 2050, c'est parce que le président de la République française, Emmanuel Macron, a initié dès 2018, avec quelques autres pays qui se comptent alors sur les doigts d'une main, le processus politique pour aller chercher une majorité. Et je veux rendre ici hommage au rôle essentiel joué par Clément Beaune, alors sherpa du président sur les questions européennes, qui a pris son bâton de pèlerin et fait le tour de l'Europe pour emporter le morceau !

Et c'est sous la présidence française de l'Union européenne, entre janvier et juillet 2022, alors même que la guerre en Ukraine éclate, que le Conseil adopte en juin 2022 des textes clés du Pacte vert. Les équipes diplomatiques françaises ont été à la manœuvre, et je leur rends ici également hommage car, sans leur détermination à lever tous les obstacles, nous ne serions sans doute pas parvenus à un accord sur autant de textes en aussi peu de temps entre 27 États membres. J'ai été associé de près à cet exercice diplomatique, comme je l'avais été également au moment de l'accord de Paris en 2015. Et je peux témoigner de la capacité assez unique de notre pays à mobiliser des équipes nombreuses, compétentes, motivées, qui seront parvenues à trouver, à deux reprises, un accord international et un paquet européen sans équivalent. Nous pouvons en être fiers.

Le Pacte vert entre dans sa mise en œuvre… et rencontre des oppositions

À partir de 2023, une nouvelle séquence s'ouvre : celle de la mise en œuvre concrète des changements opérationnels dans les entreprises et dans nos vies. La transition entre dans le dur… Jusqu'à présent, les oppositions à la transition écologique se faisaient peu entendre. D'une part, parce que les médias ne leur tendaient pas le micro. D'autre part, parce qu'il n'y avait pas tant à s'opposer. Mais, à partir de 2023, les mesures prises en Europe et en France deviennent réalité : le zéro artificialisation nette pour protéger les terres agricoles, les zones à faibles émissions pour lutter contre la pollution de l'air, la montée en puissance des ventes de voitures électriques, les nouvelles conditionnalités vertes de la PAC pour les agriculteurs, les nouvelles règles de transparence extrafinancières pour les grandes entreprises, etc. Les tensions que cela peut créer sont normales et légitimes. Aucun changement d'une telle ampleur ne peut se faire sans susciter des réactions et des appréhensions. Mais deux nouveaux événements vont cristalliser ces tensions et les transformer, au sein d'une partie du champ politique, en une opposition de principe à la transition.

Le premier est l'augmentation record des prix de l'énergie, conséquence de l'invasion de l'Ukraine par la Russie en février 2022. En soi, cette crise montre au contraire les ravages pour nous, Européens, de la dépendance aux énergies fossiles. Mais l'augmentation des prix va créer une nouvelle tension qui va perturber la dynamique de la transition. Les industries sont confrontées à des enjeux de compétitivité accrus à très court terme et commencent à dérouler un nouveau raisonnement. En résumé, les chefs d'entreprise que je rencontre me disent : « Nous étions prêts à investir massivement dans les technologies vertes, mais l'augmentation inédite des prix de l'énergie remet en question la compétitivité de nos sites de production européens, et nous attendons donc de voir avant d'investir. » ArcelorMittal à Dunkerque est une malheureuse illustration de cette nouvelle tendance. Alors que l'aciériste s'était engagé à investir 1,7 milliard d'euros dans un nouveau four électrique qui révolutionnait la façon de produire de l'acier, et que l'État français apportait un soutien de 850 millions, la décision d'investissement est reportée à partir de novembre 2024 et, en 2025, elle semble gelée.

Le second événement est politique. C'est la volonté nouvelle des partis d'extrême droite européens de faire de leur opposition au Pacte vert un élément clé de leur identité politique. J'y consacre un chapitre entier (voir chapitre 17) car la montée de l'extrême droite aux dernières élections européennes de juillet 2024 est un élément qui change la donne politique. Cette pression nouvelle pousse la droite traditionnelle à questionner, voire à abandonner, son soutien au Pacte vert. Avec, en premier lieu, un basculement sur les sujets agricoles en 2023-2024 au moment de la mobilisation des agriculteurs partout en Europe. Alors que la droite et l'extrême droite ont voté la nouvelle PAC, ils se mettent à la dénoncer ! Ce changement de pied se poursuivra pendant la campagne des élections européennes, quand les partis de droite européens critiqueront une partie des textes du Pacte vert qu'ils ont, je le rappelle, eux-mêmes votés.

Le résultat des élections de 2024 est l'opposé de celui de 2019. Les partis centristes et écologistes, qui étaient les deux grands gagnants en 2019 et un soutien fort au Pacte vert, perdent des plumes. La majorité progressiste n'existe plus et, au contraire, pour la première fois dans l'histoire de la construction européenne, est possible au Parlement européen une majorité constituée de l'alliance entre les partis de droite et d'extrême droite. De plus, le rapprochement idéologique entre ces partis se réalise autour d'un nouveau triptyque : une position anti-migrants, anti-« woke » et anti-écologie.

L'incarnation de ce rapprochement est italienne. Giorgia Meloni dirige le gouvernement italien depuis octobre 2022, avec une majorité associant toutes les droites. Au Conseil, plusieurs pays sont aujourd'hui gouvernés par des majorités ayant fait de l'opposition au Pacte vert une dimension forte de leur programme : la Hongrie de Viktor Orbán ou encore la Slovaquie de Robert Fico. Puis viennent les pays où l'extrême droite joue un rôle important au sein de la majorité gouvernementale, sans pour autant que l'opposition systématique au Pacte vert soit devenue un élément de l'identité politique du gouvernement : les Pays-Bas avec Geert Wilders*, la Suède, ou encore la Finlande avec la présence du Parti des Finlandais dans la majorité. Mais, il faut le souligner, cette

* Le gouvernement néerlandais est tombé en juin 2025.

nouvelle alliance n'est pas du tout à l'ordre du jour dans d'autres pays européens. En Grèce, en Irlande ou encore en Pologne, les partis de droite traditionnels n'envisagent pas un seul instant de s'allier à l'extrême droite.

Depuis les élections européennes de juillet 2024, le Pacte vert est donc menacé par cette nouvelle configuration politique susceptible de détricoter les règles du jeu qui viennent à peine d'être adoptées. Cette menace est bien réelle. Elle n'est pas du tout inéluctable pour autant. Pour plusieurs raisons.

La première est que la Commission européenne elle-même, qui a le monopole de l'initiative législative, est constituée d'une majorité centrale composée pour l'essentiel de commissaires de centre droit, du centre et du centre gauche. Et c'est cette majorité, pro-européenne, avec l'addition des Verts, qui a fait élire une nouvelle fois, en 2024, Ursula von der Leyen.

La deuxième raison nous vient des États-Unis. Le retour de Donald Trump à la Maison Blanche et son hostilité ouverte vis-à-vis de l'Union européenne contribuent à souder les forces politiques proeuropéennes sur le continent. Tous les partis pro-européens de centre droit savent parfaitement qu'ils n'ont aucune possibilité de construire une Europe de la défense, une Europe plus intégrée et plus agile dans la prise de décision, une Europe parlant d'une seule voix face à Trump avec les partis politiques d'extrême droite, qui ont endossé le logiciel trumpiste. Le cas le plus emblématique de cette alliance entre force pro-européennes nous est donné par l'Allemagne. En février 2025, le candidat CDU Friedrich Merz donne l'impression de se rapprocher de l'AfD, le parti d'extrême droite allemand, en votant avec lui une résolution symbolique sur l'immigration au Bundestag. Un mois plus tard, le chancelier CDU s'engage sur un accord de gouvernement avec le Parti social-démocrate (SPD) face à la menace représentée par la nouvelle administration américaine et son soutien explicite à l'AfD, par la voix d'Elon Musk et du vice-président J. D. Vance.

La troisième raison a trait aux enjeux de souveraineté. Le consensus selon lequel notre dépendance aux énergies fossiles est un élément de vulnérabilité pour notre continent est largement partagé, du centre droit aux écologistes. Accélérer la décarbonation de notre économie, de notre système énergétique fait donc encore l'objet d'un large soutien politique, et la présentation en février 2025 du Pacte pour l'industrie propre par la Commission européenne, saluée par la majorité des États et du Parlement européen, va justement contribuer à accélérer les investissements verts.

Un avenir à écrire

L'avenir du Pacte vert n'est donc pas écrit. Il me semble que le scénario le plus probable suivra deux tendances possiblement contradictoires. La première est le maintien des politiques favorables à la décarbonation dans de nombreux domaines jugés stratégiques aussi pour la réduction de notre vulnérabilité géopolitique. Ainsi, pour ne prendre que quelques exemples, depuis le début de l'année 2025, et malgré la nouvelle configuration politique propice au *backlash* anti-écologique, nous nous sommes engagés : à accélérer l'achat par les flottes d'entreprises des voitures électriques fabriquées en Europe ; à fixer des objectifs pour l'acier et l'aluminium recyclés dans des secteurs clés ; ou encore à étendre, d'ici la fin 2026, le mécanisme d'ajustement carbone aux frontières à de nouveaux secteurs. Autant de mesures qui prolongent et déploient le Pacte vert. La seconde tendance peut au contraire fragiliser certains éléments du Pacte vert. Je pense notamment au mantra de la « simplification ». Je fais la distinction entre la simplification intelligente qui a vocation à permettre aux acteurs économiques d'atteindre plus facilement les objectifs que nous nous sommes fixés, et la simplification qui masque, de fait, la volonté de ne pas les atteindre. Dans le premier cas, lorsque la complexité est un frein à l'action, simplifier est tout à fait positif. Par exemple, nous devons continuer à rendre plus facile le fait de construire des usines d'industrie verte, de déployer des énergies renouvelables, de créer des infrastructures d'hydrogène, etc. En la matière, toutes les simplifications sont les bienvenues. Inversement, lorsque la Commission européenne propose de « simplifier » le devoir de vigilance des grandes entreprises ou les conditionnalités vertes de la Politique agricole commune, ses propositions visent surtout à les démanteler.

Ce positionnement m'amène à soutenir et à voter certaines simplifications bienvenues du cadre réglementaire… et à m'opposer à d'autres. Le Pacte vert est une matière vivante, et ajuster les règles au fur et à mesure ne signifie pas, en soi, renoncer à l'ambition que nous nous sommes fixée. Ainsi, quand au printemps 2025 nous modifions le statut de la protection du loup en Europe, je le vois comme la conséquence du succès de la politique menée depuis des années. Il y avait environ 11 200 loups en Europe en 2012. Dix ans plus tard, on estime que cette population a doublé, atteignant environ 20 300 loups. Est-il donc illégitime de tenir compte de cette évolution et d'ajuster les règles tout en gardant un haut niveau de protection pour éviter de se retrouver d'ici quelques années de retour au point de départ ? Je ne le pense pas.

Mon action au Parlement européen continuera donc de suivre la même ambition car la crise climatique et celle de la biodiversité n'ont pas disparu avec le chaos introduit par le retour de Donald Trump. Je le ferai en tenant compte en permanence des retours d'expériences, dans la « vraie vie », de cette matière vivante qu'est la transition écologique. Je le ferai en essayant de donner corps à une théorie du changement qui doit améliorer la façon dont le Pacte vert est piloté, perçu et soutenu par les Européens. Car c'est bien là le cœur du sujet. Nous sommes – et c'est heureux – en démocratie. Si la majorité des électeurs ne veulent plus de la transition climatique, alors elle s'arrêtera. Précisément parce que le Pacte vert n'est pas le fruit de je ne sais quel « diktat de Bruxelles », mais bien le résultat des votes des parlementaires européens et des gouvernements. À nous de le rendre plus désirable, d'en montrer davantage les bénéfices, les avantages en matière de souveraineté et de mieux accompagner ceux qui s'estiment perdants. Ce combat politique, je le mène et je le mènerai sans relâche face aux coups de boutoir de l'extrême droite européenne et du trumpisme américain.

CHAPITRE 2

Les principaux objectifs du Pacte vert

Nous sommes le 21 avril 2021 à 2 heures du matin. Dans la salle du Parlement européen (voir l'annexe « Qui décide quoi en Europe », p. 263), je suis avec João Pedro Matos Fernandes, le ministre portugais de l'Environnement qui conduit les négociations sur la loi climat pour le Conseil dans le cadre de la présidence de l'Union que le Portugal assure pour six mois, et Jytte Guteland, députée européenne suédoise qui conduit ces négociations pour le Parlement. En tant que président de la commission de l'Environnement du Parlement européen, je préside le trilogue, et nous arrivons au moment de vérité pour finaliser le nouvel objectif de réduction d'émissions de CO_2 que l'Union se donne pour 2030. Dans quelques heures, aux États-Unis, le président Biden va lancer le sommet des dirigeants pour le climat où il annoncera les nouveaux engagements climat américains, et Ursula von der Leyen y participera au nom de l'Union européenne. Il n'est pas envisageable que nous n'ayons rien à annoncer alors que nous sommes si près du but. Tous les autres éléments de la loi climat européenne, première loi qui grave dans le marbre du droit européen l'accord de Paris, ont été finalisés.

Atteindre la neutralité carbone en 2050

Les données du problème à 2 heures du matin sont les suivantes : le Conseil a adopté un objectif de 55 % de réduction d'émissions par rapport au niveau de référence de 1990, le Parlement 60 %. Ces chiffres ne sortent pas du chapeau : selon les analyses du GIEC, les émissions européennes doivent baisser idéalement de 65 % d'ici à 2030 pour avoir de bonnes chances de nous aligner avec l'objectif le plus ambitieux de l'accord de Paris, à savoir ne pas dépasser 1,5 °C de réchauffement au niveau mondial. Toutefois, selon ces mêmes analyses, à 55 % de réduction, nous sommes dans la fourchette statistique basse, mais pas hors des clous. Le ministre explique qu'il n'a pas de marge de manœuvre pour aller au-delà de l'objectif endossé par les chefs d'État et de gouvernement en décembre 2019. Jytte Guteland plaide que la loi climat soit conforme à la science et estime que 55 % ne sont pas suffisants pour être aligné avec l'accord de Paris. Comme souvent dans les négociations européennes, les choses se décantent lorsque les parties acceptent une proposition qui… coupe la poire en deux. J'avais mis sur la table de ces négociations, sans que cela soit public, le fait de nous donner un objectif de 57 %, soit à mi-chemin entre le 55 % du Conseil et le 60 % du Parlement, en augmentant le sous-objectif concernant le stockage de CO_2.

En effet, les objectifs climat que nous nous fixons comportent deux dimensions. La première est la réduction brute de nos émissions. Par exemple, lorsque nous arrêtons le fonctionnement d'une centrale à charbon et que nous la remplaçons par un parc éolien ou un réacteur nucléaire, nous émettons beaucoup moins de CO_2. La seconde dimension est de stocker davantage de carbone, ce qui réduit le solde net. Nous disposons de deux types de stockage de carbone. Les solutions naturelles comme les forêts, les océans, les zones humides, les prairies ou encore les terres agricoles en agro-écologie. Et les solutions technologiques comme le fait de retenir le CO_2 qui s'échappe de la cheminée d'une cimenterie, de le capter, de le transporter puis de le stocker dans un ancien gisement de gaz, par exemple en mer du Nord. Notre objectif climat, en cohérence avec l'accord de Paris qui vise un objectif « net zéro » en 2050 pour les pays développés, s'exprime donc en réduction nette, le brut moins les puits de carbone. Or s'il semblait impossible politiquement au Conseil d'accepter de réduire davantage le brut, il était imaginable d'avoir un accord sur une augmentation plus forte de la capacité de stockage.

Dans cette salle du Parlement où nous ne sommes plus que trois, nous devons décider ce compromis. Personne ne le fera à notre place ! Jytte Guteland l'accepte même si, je le vois, cela lui coûte beaucoup de renoncer au chiffre de 60 % de réduction qui est, objectivement, plus proche des exigences scientifiques, et que j'avais d'ailleurs moi-même déposé comme amendement lors du processus parlementaire. João Pedro Matos Fernandes, le ministre portugais, donne son accord de principe et appelle ensuite l'ensemble des capitales pour vérifier que ce compromis est acceptable pour une majorité d'États. Cette tournée prend encore une bonne heure. J'imagine qu'à ce moment avancé de la nuit il n'a pas tous les représentants des États membres au téléphone. Mais il revient vers 3 h 30 du matin avec un feu vert. Nous pouvons donc conclure sur ce compromis et faire la photo traditionnelle qui scelle l'accord entre nos institutions.

Nous venons de fixer l'objectif phare du Pacte vert, qui doit nous mener à la neutralité climat en 2050 au plus tard. Sans cette nouvelle loi climat, nous serions restés au précédent objectif, à savoir réduire de 40 % nos émissions de CO_2 en 2030 et sans visibilité au-delà. Or cet objectif, que nous avons déjà quasiment atteint, n'était pas du tout aligné avec les exigences de l'accord de Paris. Il aura donc fallu six ans à l'Europe pour rendre son droit conforme à l'accord international signé en 2015. Mais, maintenant, c'est fait ! Il est important de rappeler qu'en matière climatique les objectifs que nous avons négociés à Paris sont les suivants : les pays riches doivent atteindre la neutralité climat (c'est-à-dire ne pas émettre plus de CO_2 qu'ils ne peuvent en stocker) en 2050 au plus tard, et les autres pays doivent atteindre cette neutralité dans la seconde moitié du siècle au regard de leurs différents niveaux de développement économique. Ainsi, en 2020, la Chine s'est fixé cet objectif pour 2060. L'Inde également. Les nouveaux objectifs européens ne sont pas le fruit du hasard mais découlent de l'analyse des scientifiques du GIEC, traduite politiquement dans l'accord de Paris et transposée juridiquement dans la loi climat.

Il résulte de cette loi des changements importants, car passer à 57 % de réduction nettes d'émissions de CO_2, c'est aller trois fois plus vite que ce que nous avons réussi à faire jusqu'à présent. Il faut donc changer les règles du jeu dans de nombreux secteurs. Par exemple, nous ne pouvons atteindre notre nouvel objectif si nous n'augmentons pas la part des énergies renouvelables dans la production européenne d'électricité à la place du charbon notamment. Nous devons donc la revoir à la hausse dans la directive dédiée aux énergies renouvelables. Et, une fois cela fait, nous devons nous donner les moyens d'y arriver : en facilitant le déploiement des projets sur le terrain et en accélérant les procédures d'autorisation d'installation des parcs solaires ou éoliens pour prendre des exemples que tout le monde a en tête. Ce qui implique, là encore, de changer la loi. Il en est de même pour notre mobilité. Impossible d'accélérer les réductions d'émissions et d'atteindre la neutralité carbone si nous ne passons pas à des voitures neutres en carbone, notamment grâce à l'hydrogène et à la batterie électrique. Pour y parvenir nous devons changer les règles qui s'imposent aux constructeurs qui vendent voitures, bus et camions en Europe. On le voit, le seul fait de fixer un nouvel objectif contraignant et inédit entraîne un changement de multiples lois européennes qui régissent les principaux secteurs économiques. C'est pour cela que le Pacte vert a modifié ou créé tant de lois nouvelles. Ce n'est pas par plaisir (ou perversion !) bureaucratique mais pour mettre en cohérence les règles du jeu de manière systémique. Et c'est bien cela qui fonde la nature historique du Pacte vert.

Les premiers résultats liés à ces changements sont déjà visibles. En 2022, les émissions européennes de CO_2 ont diminué de 31 % par rapport à 1990, et en 2023 ces émissions ont diminué de 8 % par rapport à 2022. Serons-nous pour autant au rendez-vous de 2030 ? Il est encore trop tôt pour le dire mais nous nous en rapprochons. En 2023, la Commission européenne a additionné, comme elle le fait tous les deux ans, toutes les mesures prises et envisagées par les 27 États membres pour réduire leurs émissions de CO_2 avec un résultat de – 51 %. Deux ans plus tard, au printemps 2025, elle a refait le même exercice. Le résultat prévu est de – 54 %. Partout en Europe, le charbon diminue, les renouvelables augmentent, l'efficacité énergétique s'accroît, les voitures électriques prennent des parts de marché, etc.

Comme les lecteurs attentifs l'auront peut-être remarqué, j'ai parlé d'objectifs 2030 et 2050, mais pas 2040. Or l'Europe s'est dotée depuis le début des années 2000 d'un objectif par décennie, pour donner de la prévisibilité tout en gardant une capacité de pilotage et de contrôle. En effet, se donner un objectif climat, disons tous les deux ans, n'aurait aucun sens puisque cela ne correspond à aucun cycle d'investissements dans les transports ou l'énergie par exemple. Mais se donner un seul objectif à trente ou quarante ans ne permet pas de conduire le changement car l'horizon est trop lointain. C'est pour cela que nous avançons par étapes de dix ans. Et nous débattons donc maintenant de l'objectif 2040 qui doit être, selon les analyses de la Commission européenne, fondées sur celles des scientifiques du Haut Conseil européen pour le climat, d'au moins 90 % de réduction d'émissions d'ici à 2040.

Au moment où j'écris ces lignes, la décision n'est pas prise. Elle devra l'être au plus tard avant la COP30 au Brésil en novembre 2025. Les États sont divisés, et, au Parlement européen, les partis de droite et d'extrême droite ont déjà indiqué qu'ils s'opposeraient à cette réduction de 90 %. Il n'y a donc pas de majorité pour la voter telle quelle. C'est pourquoi, depuis le début de l'année 2025, la Commission travaille à apporter des flexibilités à cet objectif tout en gardant la cohérence d'ensemble.

La principale flexibilité débattue est de réaliser une petite partie des réductions d'émissions de l'Europe… en dehors de l'Europe, là où elles coûtent moins cher. Cette idée ne sort pas de nulle part puisque l'accord de Paris lui-même prévoit, dans son article 6, cette possibilité : le projet vert est financé par l'argent européen, réalisé dans un pays en développement mais crédité sur la trajectoire de réduction européenne. J'ai longuement parlé de cette option avec le commissaire néerlandais en charge du Climat, avec les États, les ONG... et je la soutiens, à condition qu'elle soit bien encadrée. Car plus nous avancerons vers 2040, plus le coût de réduction de la tonne de CO_2 augmentera dans certains secteurs en Europe.

Dans l'industrie, les modèles font apparaître des coûts de réduction de plusieurs centaines d'euros par tonne de CO_2. Or, dans les pays du Sud, « abattre » 1 tonne de CO_2 coûte beaucoup moins cher. Parfois même trop peu cher, car cela signifie que les projets en question, comme la replantation d'arbres, ne sont pas de bonne qualité. Mais, entre ces « mauvais » projets qui coûtent quelques euros la tonne de CO_2 et les réductions finales dans notre industrie à plusieurs centaines d'euros la tonne de CO_2, il existe une large quantité de projets – dans l'énergie, dans l'efficacité énergétique, dans les transports, dans l'agriculture... – qui coûtent autour de 50 à 80 euros la tonne de CO_2. Et ce sont justement ces projets que les États des pays en développement n'ont pas les moyens de financer. Réaliser une petite part (la négociation se situe entre 2 et 5 points) de notre objectif climat en dehors de l'Europe pour financer ce type de projet peut donc avoir des effets vertueux sur la lutte mondiale contre le dérèglement climatique, car le même euro dépensé aura une efficacité plus grande.

Protéger et restaurer la biodiversité

Le premier objectif du Pacte vert est climatique. Mais il est loin d'être le seul. Le Pacte vert est aussi un progrès important en matière d'arrêt de la destruction du vivant. Les scientifiques parlent de « sixième extinction » des espèces à l'échelle mondiale tant son rythme est élevé. En Europe, les populations d'insectes ont diminué de 70 à 80 % dans les écosystèmes de monocultures agricoles, et l'Europe compte environ 800 millions d'oiseaux de moins que dans les années 1980. Face à cela, le Pacte vert fixe des objectifs de restauration des écosystèmes et de protection de la biodiversité, notamment en protégeant 30 % des terres et des mers d'ici à 2030. Cela se traduit, comme pour le climat, par le nécessaire changement des règles dans les secteurs les plus concernés, en l'occurrence l'agriculture.

L'ensemble des objectifs du Pacte vert sont résumés dans un document publié par la Commission européenne en décembre 2019, qui marque le coup d'envoi du marathon législatif. En plus des objectifs sur le climat et la biodiversité, il s'agit de réduire la pollution de l'air, de l'eau et des sols, à des niveaux sans effet nocif sur la santé d'ici à 2050, et de promouvoir une économie circulaire en réduisant les déchets, en augmentant le recyclage et en favorisant l'utilisation durable des ressources. Mais, en matière d'économie des ressources, les objectifs ne sont pas aussi précis que pour le climat ou même pour la préservation de la biodiversité. La raison en est la moindre maturité scientifique sur le sujet et l'absence d'accord international. Ainsi, il n'existe pas, à l'échelle mondiale, d'objectif politiquement agréé de réduction de la consommation ou de l'extraction de ressources et de matières premières. C'est le travail que mène l'International Resource Panel, sous l'égide des Nations unies, qui préconise de viser une consommation annuelle de matières premières par habitant de 8 tonnes. Mais cet objectif nouveau n'a encore fait l'objet d'aucun accord politique, ni international ni européen. Seule l'Allemagne s'est fixé l'objectif de réduire la consommation annuelle de matières premières par habitant, qui passerait de 15 tonnes actuellement à 8 tonnes d'ici à 2045, sans pour autant prendre les mesures nécessaires à ce stade pour y parvenir.

La grammaire écologique comporte également d'autres objectifs que le Pacte vert ne reprend pas en tant que tels. Je pense par exemple à la notion de limites planétaires, ou de réduction de la dette écologique. Les limites planétaires sont une notion développée par une équipe internationale de 26 chercheurs, menée par Johan Rockström. Elles sont utilisées par de nombreuses ONG, et même par quelques entreprises, mais n'ont fait l'objet d'aucun accord politique, et leur mesure reste imprécise et soumise à débat. C'est pourquoi je n'ai voté aucun des amendements qui voulaient que le Pacte vert et ses principales législations soient passés au crible des « limites planétaires ». Ces précisions montrent que, contrairement à ce que véhiculent certains discours d'extrême droite, le Pacte vert est fondé uniquement sur la science et qu'il écarte de nombreux travaux portés par la galaxie écologique qui conduirait à des politiques encore plus radicales.

Articuler le Pacte vert avec nos objectifs économiques

À côté de sa dimension écologique multiple (climat, biodiversité, pollution…), le Pacte vert a été immédiatement conçu comme une stratégie économique. La présidente de la Commission européenne, Ursula von der Leyen, résume cela dès juillet 2019 : « Cette nouvelle stratégie de croissance vise à transformer l'Europe en une société juste et prospère, dotée d'une économie moderne, efficace dans l'utilisation des ressources et compétitive, caractérisée par l'absence d'émissions nettes de gaz à effet de serre (GES) d'ici à 2050 et dans laquelle la croissance économique sera dissociée de l'utilisation des ressources. »

Cela amène à un débat central qui est celui de l'articulation, de la cohérence – ou de l'incohérence – entre nos objectifs environnementaux et nos objectifs économiques. Le premier niveau d'interrogation porte sur la compatibilité de nos politiques écologiques avec la croissance économique. En 2020-2021, au début de notre aventure, de nombreux journalistes, plutôt dans des médias engagés sur l'écologie, me demandaient où étaient dans le Pacte vert les questionnements sur la croissance. Ma réponse était simple : nulle part. Pourquoi ? Parce qu'au niveau européen aucune force politique remettant en cause la croissance du PIB ne fait partie de la Commission européenne, ni d'un gouvernement européen. Les seules voix qui s'expriment en ce sens se situent à l'extrême gauche et sont minoritaires, même au sein du groupe des Verts au Parlement européen, dominé par les Verts allemands qui n'adhèrent pas aux théories de la décroissance. Le Pacte vert n'est donc en aucun cas inspiré par une vision « décroissantiste » qui, politiquement, n'existe pas à Bruxelles. Au contraire, la vision qui domine largement est celle du découplage entre les émissions de CO_2 et la croissance du PIB. La Commission européenne rappelle qu'entre 1990 et 2023 l'UE a réduit de 37 % ses émissions de gaz à effet de serre, tandis que l'économie enregistrait une croissance de 68 % !

La deuxième dimension qui articule le Pacte vert avec les enjeux économiques porte, non sur la croissance, mais sur la compétitivité. Le débat a pris de l'ampleur à partir de l'année 2022. Pourquoi 2022 ? Parce que l'invasion de l'Ukraine par la Russie en février conduit à une augmentation historique des prix de l'énergie en Europe. Or, dans le même temps, les prix américains de l'énergie n'ont pas augmenté car les États-Unis sont producteurs et non importateurs d'énergies fossiles. Par ailleurs, les États-Unis ont mis en place à partir d'août 2022 un plan d'investissements verts géant baptisé *Inflation Réduction Act* – auquel Donald Trump a mis fin en 2025 – qui subventionnait massivement les localisations d'activités industrielles décarbonées aux États-Unis. La conjonction des deux événements tend à affaiblir la compétitivité relative des entreprises européennes. Comme je le démontre en détail tout au long de ce livre, cela n'a rien à voir avec le Pacte vert lui-même puisque ce sont les prix des énergies fossiles qui augmentent et que la concurrence américaine sur l'attractivité des investissements résulte justement du financement de leur propre « pacte vert ». Si nous n'avions pas le nôtre, nous aurions été soumis à une concurrence encore plus rude. Mais ce double choc a créé une tension qui, à partir de 2022, sera de plus en plus exploitée politiquement par l'extrême droite et par une partie de la droite européenne. Le retour de Donald Trump à la Maison Blanche rebat de nouveau les cartes de ce débat. En annulant 500 milliards de dollars de soutien public aux technologies vertes, le président américain met fin à la volonté des États-Unis de faire concurrence à l'Europe – et la Chine – sur ce sujet.

Le Pacte vert au cœur des débats de souveraineté industrielle

Enfin, la troisième dimension économique tient au lien entre les objectifs du Pacte vert et la politique industrielle européenne. L'expression même de « politique industrielle » a longtemps été taboue à Bruxelles. L'idée dominante était qu'une saine concurrence à l'intérieur du marché unique, et entre les entreprises européennes et le reste du monde, aboutirait au meilleur chemin possible pour les consommateurs européens en matière de prix et de qualité des produits. Et que derrière la formulation de « politique industrielle » se cache souvent la volonté de chacun des États de défendre ses propres champions nationaux et parfois quelques « canards boiteux ».

Cette vision, très fortement portée par les pays scandinaves, par l'Allemagne et par le Royaume-Uni avant sa sortie de l'Union européenne en 2020, a été progressivement affaiblie par la nouvelle tournure de la mondialisation. La Chine n'est plus seulement l'« atelier du monde » qui a permis de faire baisser les prix de nombreux biens de consommation et de réduire presque à néant, chez nous, l'inflation pendant plus d'une décennie ; elle est devenue un concurrent industriel, qui a rattrapé son retard technologique en moins de quarante ans et qui, dans bien des domaines, tend maintenant à nous dépasser. Et, de leur côté, les États-Unis ne se sont jamais privés de subventionner massivement leurs industries naissantes. Sans argent public, pas d'Internet, pas de géants du numérique et pas de supériorité technologique américaine.

Le Pacte vert arrive en 2019 dans ce contexte nouveau et il n'échappe pas au débat. Ainsi, faut-il acheter des panneaux solaires et des batteries chinoises pour avoir les produits décarbonés les moins chers possible ? ou faut-il construire une industrie européenne de la batterie et chercher à reconstruire une industrie européenne des panneaux solaires pour s'assurer une maîtrise de ces chaînes de valeur clés de la transition écologique, même si cela doit prendre plus de temps et coûter plus cher ? Cette problématique est au cœur de nombreux débats industriels et politiques qui font du Pacte vert un enjeu non seulement écologique, mais aussi de politique économique. Exactement comme nous le vivons dans le domaine de l'industrie de la défense où, à la suite du revirement radical de la nouvelle administration américaine, l'Europe accélère massivement pour financer sa sécurité militaire. Mais faut-il construire une industrie de la défense européenne et donc prendre plus de temps pour obtenir des armes ? ou acheter ce qui est déjà sur le marché pour parer au plus pressé et donc acheter… américain ?

Mon approche de l'écologie a toujours fait le lien avec l'économie. Il est logique que plus nous progressions dans la transition écologique, plus le déploiement des technologies décarbonées devienne un enjeu de concurrence et de pouvoir. Ce qui relevait, il y a encore vingt ans, de présentation PowerPoint dans des conférences est aujourd'hui au centre de la recomposition de nos grandes filières industrielles comme l'automobile et l'énergie. Tous les débats sur la bonne articulation entre enjeux économiques et enjeux environnementaux sont légitimes. À condition qu'ils restent basés sur les faits.

Or j'observe, de plus en plus souvent, la transformation de ce questionnement en une simple recherche de « bouc émissaire », dont le Pacte vert devient la victime expiatoire.

Distinguer la réelle tension qui nécessite un arbitrage légitime, de l'intox portée par tel ou tel lobby, est au cœur de mon action – et de celle de mes équipes – au Parlement européen. Cette exigence est, à mes yeux, essentielle pour faire les ajustements nécessaires sans perdre le cap. Elle me vaut parfois des inimitiés avec des grands patrons qui voudraient que leurs demandes soient soutenues par principe et sans examen critique. Elle me vaut aussi de solides amitiés avec d'autres. Être pragmatique sans être naïf, voilà ce que je défends jour après jour.

CHAPITRE 3

Une théorie du changement pour réussir le Pacte vert

Le Pacte vert n'est pas seulement un ensemble – vaste – de mesures techniques. C'est un changement de modèle économique qui a des impacts sur des centaines de milliers d'entreprises et sur la quasi-totalité des Européens. Or on ne réussit pas une telle transformation, rapide et radicale, sans une méthode claire, sans une solide théorie du changement social. Sur la base de mes expériences, j'ai élaboré des réponses – nécessairement provisoires – à ces questions. Elles n'ont pas la prétention de proposer une véritable théorie universitaire du changement écologique, mais elles m'aident au quotidien à avancer dans des choix politiques et dans ma méthode.

Additionner les solutions

Premier élément : l'addition des solutions et non leur exclusion. Cela peut sembler une évidence, mais les débats autour de la transition écologique, en matière de transports, d'énergie ou d'agriculture, se cristallisent souvent autour de choix entre de « bonnes » et de « mauvaises » technologies. Le cas du nucléaire en France est, sans doute, celui qui vient le premier à l'esprit. Mais la liste est longue : stockage du carbone dans le sous-sol, capture du CO_2 directement dans l'air, nouvelles techniques génomiques ou bassines de stockage d'eau en agriculture, recyclage mécanique ou chimique dans le domaine de la gestion des déchets, etc. Quasiment aucun sujet n'échappe à cette tentation d'exclure du champ des possibles un certain nombre de technologies. Cela s'explique par deux raisons essentielles.

La première est l'approche « technophobe » d'une partie du monde de l'écologie. Cela remonte à des penseurs comme Jacques Ellul ou encore André Gorz en France, qui mettaient l'accent non sur le potentiel de solutions apportées par les technologies, mais sur leurs limites intrinsèques. D'où la critique encore forte aujourd'hui du « technosolutionnisme », terme qui vise à s'opposer à l'idée que les technologies auraient réponse à l'ensemble de la crise environnementale et que cela permettrait d'économiser le débat, plus fondamental, sur les changements de comportements, individuels et collectifs.

Je partage l'idée que la technique ne constitue pas 100 % de la réponse, et nous constatons bien ce qu'on appelle les « effets rebonds » : une technique donnée permet de réduire les émissions de CO_2 par unité consommée, mais, comme le nombre d'unités consommées augmente davantage, l'impact final s'accroît lui aussi. Un bon exemple de l'effet rebond est l'aviation : les avions actuels sont plus économes en carburant, mais, comme le nombre de vols a explosé, les émissions du secteur augmentent malgré le progrès technique. Je partage également l'analyse des « effets de bord », qui font qu'une technique apporte un bénéfice dans un domaine mais peut engendrer des conséquences négatives dans d'autres.

Par exemple, le développement des batteries pour la mobilité électrique renforce l'exploitation minière qui peut avoir des conséquences négatives pour la biodiversité locale.

Tout cela est vrai et nécessite de toujours mettre les solutions techniques en débat ouvert et transparent. C'est pour cela que je soutiens notamment les initiatives en matière de transparence du lobbying ou encore des règles fortes en matière de transparence des analyses utilisées par les agences européennes qui autorisent ou non les produits chimiques, les pesticides, etc. Cela implique aussi de ne jamais opposer techniques et comportements, car ce n'est pas soit l'un, soit l'autre, mais les deux. Pour réduire les émissions de CO_2 de notre consommation, il faut à la fois des élevages de viande qui émettent moins ET consommer moins de viande issue des élevages industriels. En matière d'énergie, il faut à la fois produire une électricité décarbonée ET avoir des comportements sobres en matière d'efficacité énergétique. Je suis donc très attentif à ce que ces critiques légitimes ne fassent pas oublier que nous ne pourrons atteindre nos objectifs sans le déploiement de techniques dont chacune a des avantages et des inconvénients, et que le rôle du politique est précisément de chercher à dépasser les tensions possibles et à optimiser ces solutions, dans un cadre transparent et démocratique.

Des technologies complémentaires

La seconde raison à l'opposition des solutions entre elles est que, derrière chaque technologie, il y a des intérêts spécifiques, publics ou privés. Cette bataille entre les technologies n'est donc pas seulement un enjeu « idéologique », c'est aussi un féroce combat industriel et géopolitique. Si les compagnies gazières font la promotion du stockage du carbone dans le sous-sol, c'est parce qu'elles possèdent justement les permis d'exploitation des gisements qu'elles ont vidés, et qu'elles peuvent imaginer les réutiliser en y stockant le CO_2 et donc leur redonner une nouvelle valeur financière. Et parce que cette technologie permet de rendre les énergies fossiles moins émettrices de CO_2 et donc de prolonger leur utilisation dans le temps : par exemple, le carbone émis par une cimenterie peut être capté à la sortie de la cheminée puis transporté et stocké dans un ancien gisement de gaz dans la mer du Nord. Ainsi, les entreprises gazières peuvent limiter la pression sur les énergies fossiles en général et montrer qu'elles peuvent aussi apporter des solutions face au changement climatique.

Il ne faut pas être naïf. Les entreprises et les États défendent leurs intérêts et les technologies qu'elles maîtrisent mieux que leurs concurrents. Et les entreprises, comme les États, cherchent à protéger leur rente de situation le plus longtemps possible. Face à cette réalité, dont on peut douter qu'elle change à court et à moyen terme, je suis favorable, là aussi, à l'addition des solutions, voire à une saine émulation entre elles, pour tenir nos objectifs. Aucune ne peut à elle seule suffire. Nous avons donc besoin d'un panier de solutions. Et la concurrence force à davantage d'efficacité.

Par ailleurs, les technologies sont souvent complémentaires entre elles pour des raisons de temporalité. Prenons deux exemples. Il faut quelques mois pour réaliser un investissement dans l'efficacité énergétique d'un bâtiment, quelques années pour sortir de terre un parc solaire et autour d'une décennie pour construire un nouveau réacteur nucléaire. Après l'invasion de l'Ukraine par la Russie qui a fait exploser les prix de l'énergie en Europe, nous nous sommes fixé des objectifs de réduction de la consommation d'énergie – et nous les avons tenus. Les technologies d'efficacité énergétique étaient donc au cœur de notre réponse. Dans le cadre du Pacte vert, nous nous sommes fixé également un objectif de réduction de nos émissions de CO_2 d'ici à 2030. Dans ce cas, ce sont les énergies renouvelables qui sont au cœur du sujet car aucune centrale nucléaire nouvelle ne verra le jour d'ici à 2030 en Europe à part l'EPR2 de Flamanville décidé en 2006… et qui a été connecté au réseau en 2025. Enfin, pour atteindre l'objectif final de la neutralité carbone en 2050, il nous faut remplacer la quasi-totalité des énergies fossiles durant la décennie 2040, et nous avons alors besoin de nouvelles centrales nucléaires qui pourront être mises en service à partir de 2035. Il n'y a donc aucune raison d'opposer ces technologies. Une analyse objective montre qu'elles sont beaucoup plus complémentaires qu'en concurrence directe si l'on veut bien sortir de la « guerre de religion » sur ce sujet.

Des outils innovants pour la puissance publique

Cette théorie du changement qui assume une approche pragmatique du rapport aux technologies implique de se doter d'outils de politiques publiques nouveaux. Il est ainsi nécessaire d'objectiver les avantages et les inconvénients de chaque technologie sans laisser cela aux seules entreprises concernées, qui sont, par construction, biaisées. Il est également nécessaire de définir des feuilles de route sectorielles pour tirer le maximum de bénéfices de la complémentarité entre les technologies.

Prenons l'exemple de l'aviation. Des avions plus efficaces permettent de consommer moins, mais, on l'a vu, les gains sont totalement effacés par l'effet rebond. Il faut donc y ajouter une autre solution : les carburants alternatifs issus par exemple de la biomasse ou des carburants de synthèse (e-fuel). Mais, dans ce cas, il faut se doter d'une forme de planification pour organiser la montée en puissance de ces nouveaux carburants. Sinon les compagnies aériennes se diront prêtes à en acheter… mais personne ne les produira, ou, à l'inverse, des acteurs se lanceront dans la production… mais personne ne les achètera, car bien souvent ils seront plus chers que la technologie fossile éprouvée.

Nous sommes là au cœur d'une des conditions du succès de la transition des technologies fossiles aux technologies décarbonées. Elle doit être organisée collectivement, faisant aller de pair l'offre et la demande. Et cela implique donc une intervention de la puissance publique de trois natures différentes. D'une part, fixer les règles du jeu. Par exemple, fixer des objectifs réglementaires de décarbonation du secteur aérien, augmenter le prix du kérosène *via* le marché du carbone, etc. D'autre part, soutenir financièrement le développement des nouvelles technologies décarbonées pour qu'elles puissent réellement prendre la place des fossiles. Enfin, organiser le dialogue entre les différents acteurs des filières concernées pour que les investissements se fassent de manière cohérente, et que l'on évite d'investir dans une offre qui ne trouve pas de demande ou d'imposer des contraintes inutiles à des entreprises qui ne trouvent pas d'alternatives sur le marché.

Nous le verrons au fil des chapitres, c'est l'addition réussie de ces trois interventions qui fera le succès de la transition technologique… et nous sommes précisément au milieu du gué. Les constructeurs automobiles européens ont réellement développé une offre de voitures électriques. D'abord sur les segments haut de gamme puis, depuis 2024-2025, sur les plus petits modèles. Il faut donc maintenant mettre l'accent sur le soutien à la demande, car l'offre est là. Inversement, en matière de réduction des pesticides, nous avons cherché à interdire des substances chimiques au nom de leur toxicité sans pour autant avoir d'alternatives disponibles à court terme. C'est le célèbre exemple de l'interdiction du glyphosate en France décidée en janvier 2019. Le glyphosate aurait dû être interdit en trois ans, selon les intentions affichées par Emmanuel Macron au début de son mandat. Au bout des trois ans, il s'est révélé impossible de le remplacer dans tous les usages. Il a donc été demandé à des agences spécialisées (l'Anses et l'Inrae) d'objectiver les choses et de dire dans quel cas de figure il était ou non possible de remplacer le glyphosate, et donc possible de l'interdire ! Ce travail de fourmi, que seule la France a mené à ce jour en Europe, a conduit à une diminution des usages du glyphosate de 30 %. Cet exemple, qui a fait couler tant d'encre et créé tant de frustrations dans l'opinion publique, chez les agriculteurs comme parmi les ONG, montre que si nous ne coordonnons pas bien offre et demande, interdiction et disponibilité des alternatives, alors nous ne pouvons tenir nos objectifs.

Renforcer la planification écologique

Cette organisation collective de la transition, que l'on a qualifiée en France de « planification écologique », n'en est qu'à ses premiers pas. Elle est insuffisante, et il est absolument urgent de la renforcer. Même si ce n'est pas forcément la partie la plus spectaculaire et la plus médiatique de la transition, c'est aujourd'hui la plus cruciale. Et là où elle existe, elle fait la preuve de son efficacité. Les *climate tables* aux Pays-Bas et l'organisation Fossil Free Sweden en Suède sont des succès dont je me suis inspiré avec quelques autres personnes pour proposer, lors de la campagne présidentielle 2022 d'Emmanuel Macron, la création d'un Secrétariat général à la planification écologique (SGPE), directement rattaché au Premier ministre. Son objectif : piloter les négociations collectives, mettre les acteurs qui offrent les solutions et ceux qui les achètent autour de la table pour définir ensemble le meilleur chemin. La création du SGPE a été annoncée lors du discours de Marseille, tenu à quelques jours du second tour de la présidentielle, et il fut mis en place en juillet 2022 par Élisabeth Borne, alors Première ministre.

Trois ans après sa création en France, le SGPE a réussi une partie de sa mission, mais seulement une partie. Il a très bien objectivé les données quantitatives de façon à donner à la puissance publique tous les éléments d'analyse permettant d'éviter le *greenwashing* ou les faux débats. Mais il n'a pas enclenché les négociations entre les acteurs économiques et publics en vue de partager les risques, de lisser intelligemment les différentes échéances… Je me bats pour que cela se mette également en place au niveau de la Commission européenne, pour l'instant sans succès. Au fond, il s'agit de poser les bases institutionnelles de négociations écologiques comme le modèle social-démocrate l'a fait avec les négociations sociales au XXe siècle sur le système de retraites, l'assurance chômage, le partage de la valeur ajoutée, etc. Cette « démocratie écologique » est encore largement à construire, et c'est une brique essentielle pour réussir le changement à grande échelle.

Prendre le meilleur du public et le meilleur du privé

La méthode que je poursuis n'oppose pas entreprises et puissance publique ; elle cherche, au contraire, à les articuler pour optimiser leur impact. En cela, je défends une ligne médiane entre les partisans de l'intervention publique à tous crins et les libéraux qui ne jurent que par les approches de marché. Prenons, là encore, des exemples concrets.

L'Europe a créé le plus grand marché du carbone au monde. Nous l'avons réformé en 2023 pour que son prix augmente. Les députés européens de La France insoumise ont tous voté contre cette réforme car il ne leur est pas possible de soutenir une politique publique consistant à « créer un marché » ! Inversement, la partie la plus libérale des groupes de droite et du groupe centriste au Parlement européen vote contre les normes contraignantes, car ceux-ci jugent cela trop interventionniste et préfèrent « laisser le marché décider ». Or, comme pour les technologies, nous ne devons pas choisir de manière idéologique entre les deux approches mais, au contraire, les articuler de manière pragmatique et cohérente.

Prenons l'exemple de l'isolation des logements. Si l'on se contentait d'une approche par le marché du carbone, il faudrait un prix du carbone de plusieurs centaines d'euros pour donner une rationalité financière au fait d'isoler sa maison. Or personne n'imagine que ce prix soit atteint à moyen terme, voire même un jour. Le prix du carbone, sur le marché du carbone dédié aux industriels, a dépassé 100 euros la tonne en février 2023, il a été en moyenne en 2024 de 70 euros la tonne. Et cela place déjà l'Union européenne bien au-dessus de la moyenne mondiale. Résultat, aucun logement ne serait isolé si l'on s'en tenait à cette approche de marché. Échec climatique garanti. Il est donc nécessaire de fixer des règles du jeu, comme celle qui oblige progressivement les propriétaires à isoler les logements qu'ils louent. Mais, inversement, ceux qui estiment avoir résolu la question avec une règle interventionniste de cette nature sous-estiment la mobilisation nécessaire des entreprises et de l'ensemble de la société pour que cette règle soit efficace. Il faut des artisans pour isoler, des banques qui fassent des offres financières adaptées pour rendre l'investissement initial acceptable, des propriétaires qui jouent le jeu en ne sortant pas leur logement du parc locatif de longue durée pour le mettre dans le locatif de courte durée, type Airbnb, auquel ne s'applique pas la même règle, etc.

Bref, toute une panoplie extrêmement fine et complexe de politiques publiques qui vont bien au-delà du simplisme théorique de l'interdiction de telle ou telle pratique. Si l'on veut réussir la transition, il ne faut pas tomber dans le « yakafokon » libéral, selon lequel il suffit de donner un prix au carbone, et le marché s'ajustera. Tout comme il ne faut pas tomber dans le « yakafokon » étatiste, selon lequel il suffit de créer une norme, et la société et les entreprises s'ajusteront. C'est pour cette raison que tous les discours simplistes m'exaspèrent au plus haut point, d'où qu'ils viennent.

Contrer la polarisation du débat, recette de l'échec

Les éléments ci-dessus commencent à définir une théorie du changement et des méthodes d'action précises. Elles impliquent l'addition des solutions et non leur opposition, des partenariats entre le public et le privé, et le fait d'assumer la complexité des politiques publiques et de se méfier de tous les simplismes. Cette théorie du changement écologique est à l'opposé de la polarisation de nos sociétés et du débat public autour de la transition. Je suis convaincu, depuis de nombreuses années, que la polarisation de l'écologie est la recette de l'échec.

Si le monde est polarisé, par exemple entre la Chine et les États-Unis, ou entre l'Occident et les pays dits « du Sud global » (Chine, Inde, Brésil…), alors la coopération climatique mondiale est impossible. Si, à chaque alternance politique, les règles du jeu pour la transition sont remises en cause, alors il est impossible pour les entreprises d'investir. Si le débat autour de la transition agricole est une guerre des tranchées entre les écologistes accusant les agriculteurs d'être des « pollueurs » et les agriculteurs accusant les écologistes d'*agribashing* à la moindre critique, alors cette transition sera au mieux chaotique, au pire impossible.

Le mot clé à mes yeux est « dépolarisation ». Prenons l'exemple d'une transformation historique du capitalisme, la généralisation de l'État-providence après la Seconde Guerre mondiale. À qui appartient cette rupture profonde qui a changé le visage de nos sociétés et de nos vies quotidiennes ? Aux communistes, aux sociaux-démocrates, aux démocrates-chrétiens, aux gaullistes ? À tous à la fois. Chacun a apporté sa pierre à l'édifice, pour des raisons parfois opposées. Et si, à l'inverse, l'État providence avait été l'affaire d'une seule force politique et sociale, il n'aurait peut-être jamais vu le jour, car une alliance, même de circonstance, de ses opposants aurait pu l'emporter.

Or la transition écologique est une transformation de nos économies aussi profonde que le fut l'État providence le siècle dernier. Elle ne peut donc réussir sans une base sociale et politique large. C'est exactement ce que nous avons réussi à faire, en Europe, dans le cadre du Pacte vert de 2019 et 2023. Et c'est la polarisation qui menace aujourd'hui notre capacité à atteindre les objectifs que nous nous sommes fixés.

Enfin, il n'y a pas de changement social de grande ampleur qui ne mobilise des valeurs fondamentales, allant au-delà des enjeux économiques ou technologiques. En ce qui concerne la transition écologique, il me semble que la première des valeurs, condition cardinale du succès, est la justice. Les mesures du Pacte vert ne réussiront que si elles sont perçues comme justes. J'insiste sur l'enjeu de la *perception*. Nous l'avons vu au moment de la crise des gilets jaunes en France en 2018. La taxe carbone, qui avait pourtant été votée à l'unanimité par tous les partis à l'Assemblée nationale, a déclenché une levée de boucliers car elle a fondamentalement été perçue comme injuste. Créer les conditions d'une transition juste est donc au cœur de mon action, et j'y consacre le chapitre suivant.

CHAPITRE 4

Le Pacte vert est-il injuste ?

« La transition sera juste. Ou il n'y aura juste pas de transition », avait l'habitude de dire le vice-président de la Commission européenne en charge du Pacte vert, Frans Timmermans. Une phrase à laquelle je souscris, et qui montre bien que ce débat est central dans la capacité à mener à bon port la transition écologique. Mais la grille de lecture de ce qui est « juste » ou « injuste » est loin d'être simple.

« L'écologie, c'est pour les riches »

Commençons par le débat qui est probablement celui qui vient en premier à l'esprit lorsqu'on évoque le caractère potentiellement injuste des politiques climatiques : la taxe carbone. En France, on se souvient que c'est l'augmentation de la taxe carbone en 2018 qui a servi d'étincelle à la mobilisation des gilets jaunes. Les personnes qui étaient sur les ronds-points les premiers jours des manifestations étaient très souvent dépendantes de leur voiture pour vivre et aller travailler. L'augmentation de la taxe carbone, et donc du prix de l'essence associé, les frappait de plein fouet, quand, au contraire, un ménage aisé vivant dans une grande agglomération et ne possédant pas de voiture échappait largement à l'impact de la hausse. Le résultat de la crise des gilets jaunes fut, sur ce sujet, le gel de la taxe carbone française et l'annulation de toutes les hausses futures, pourtant votées à l'unanimité de l'Assemblée nationale quelques mois plus tôt !

J'étais à l'époque directeur général du WWF France, et j'ai constaté à quel point la taxe carbone était lâchée en rase campagne, même par les ONG qui auraient pu la défendre publiquement. Cela m'a amené à regarder de près cet outil et à le manier avec beaucoup de précaution. D'une part, les grands promoteurs du prix du carbone, que ce soit à travers une taxe ou un mécanisme de marché, sont souvent des économistes libéraux qui font l'impasse sur la dimension dite « antiredistributive » de la fiscalité carbone. De quoi parle-t-on ?

Toutes les données montrent que plus le revenu est faible, plus la consommation d'énergie et de carburants pour se chauffer et se déplacer au quotidien représente une part importante du budget des ménages. L'augmentation de ces postes de dépenses pèse donc en proportion davantage sur les plus pauvres que sur les plus riches. C'est pourquoi l'augmentation du prix des carburants et du chauffage est immédiatement un sujet de tension dans une grande partie de l'opinion publique. Le raisonnement des économistes est que l'augmentation du prix va pousser les ménages concernés à changer leur consommation, par exemple, prendre moins leur voiture, mettre le chauffage à 19 °C et non à 20 °C… Cela est vrai sur la partie non contrainte de la consommation. Et bien sûr elle existe. Mais, là aussi, le mécanisme fonctionne de manière injuste, car la part contrainte des dépenses d'énergie et de carburants est d'autant plus élevée que le revenu est faible. Autrement dit, non seulement la hausse du prix frappe plus les classes populaires, mais leur capacité d'adaptation à ce signal prix est plus faible. C'est le cas notamment pour les ménages ayant le plus de trajets domicile-travail et habitant dans un espace périurbain ou rural où il n'existe aucune alternative simple en transports collectifs, et encore moins aux horaires décalés, tôt le matin ou tard le soir. La taxe carbone est alors perçue simplement comme un impôt de plus.

La création du Fonds social climat

Il n'existe pas à proprement parler de « taxe carbone européenne ». Mais la Commission européenne a proposé en 2021 la création d'un nouveau marché du carbone sur le gaz utilisé pour chauffer nos logements et sur le carburant qu'utilisent nos voitures ou les camions, distinct du marché du carbone existant pour les grandes entreprises industrielles. Il ne s'agit donc pas d'une taxe, car toute réforme de la fiscalité au niveau européen requiert l'unanimité. Cependant l'effet est exactement le même : cela conduit à l'augmentation du prix du gaz et du carburant. Pour faire face au risque d'inégalités associé à un tel mécanisme, la Commission a proposé, le même jour, la création d'un Fonds social climat de 65 milliards d'euros (s'étalant du 1er janvier 2026 au 31 décembre 2032) financés par les recettes issues de ce nouveau marché du carbone. Fonds que nous avons augmenté pendant les négociations à près de 90 milliards d'euros sur la même période. En ayant un outil 100 % dédié au financement de la transition pour les ménages les plus vulnérables, cela permet de compenser les effets « antiredistributifs ».

La négociation de ce prix européen du carbone pour les ménages a été très tendue. J'ai moi-même indiqué lors d'un débat au Parlement européen qu'il s'agissait d'une mesure politiquement « suicidaire », au regard de l'expérience des gilets jaunes en France. J'ai réussi à amender cette proposition dans la négociation finale lors d'un trilogue qui a duré deux jours non-stop. Un matin du mois de décembre 2022, dans le train qui m'emmène à Bruxelles, j'échange par textos avec Bruno Le Maire, alors ministre de l'Économie, et avec Élisabeth Borne, alors Première ministre. Je valide avec eux le fait que nous ne pouvons accepter une telle mesure que si le prix du carbone est plafonné à 45 euros, soit le prix de la taxe carbone française.

J'ai face à moi, dans cette négociation, des forces qui soutiennent l'instauration de ce nouveau marché du carbone. Tout d'abord, le négociateur pour le PPE, issu du parti de la droite allemande, la CDU. Il défend cette mesure pour deux raisons. La première est que l'Allemagne d'Angela Merkel vient de se doter d'un tel dispositif et que leur volonté est de l'européaniser. La seconde est qu'il s'agit d'un mécanisme de marché et que les partis de droite préfèrent le signal prix à la norme. Et j'ai également face à moi les socialistes, qui sont certes mal à l'aise avec le caractère antiredistributif de la mesure, mais qui valorisent le Fonds social climat et sont, avec leur champion politique en Europe, Frans Timmermans, à l'origine de la proposition. Les Verts sont, eux, très partagés entre des Français hostiles à la mesure et des Allemands qui y sont plutôt favorables.

Pour ne rien simplifier, cette négociation se passe dans le cadre d'un accord franco-allemand implicite : l'Allemagne accepte la mise en place du mécanisme d'ajustement carbone aux frontières, idée française, quand la France accepte la mise en place de ce nouveau marché du carbone, idée allemande. Et, difficulté finale, la création de ce nouveau marché est logée dans la réforme d'ensemble du marché du carbone, y compris celui pour l'industrie. Autrement dit, faire tomber une partie du dispositif, c'est faire tomber l'ensemble. Après des heures de négociation, j'obtiens qu'il soit écrit noir sur blanc dans le texte que le prix ne puisse pas dépasser 45 euros, *via* un mécanisme complexe d'intervention de la Commission européenne sur le marché pour faire baisser les prix.

Je reprends le train pour Paris en ce dimanche de décembre avec un double sentiment : celui du devoir accompli vis-à-vis du contrat passé avec les Français après la crise des gilets jaunes ; mais aussi celui d'une grande frustration à l'égard d'un outil dont je ne suis toujours pas convaincu de la pertinence.

Lorsqu'en avril 2023 nous votons de manière définitive la proposition issue de la négociation du trilogue, malgré nos réserves, nous nous tenons à cette ligne car en changer reviendrait à mettre en risque la totalité de l'accord, à la fois sur le marché du carbone concernant les industries et sur le mécanisme d'ajustement carbone aux frontières.

Pour autant, le sort de cette réforme est loin d'être scellé, car encore faut-il que le texte européen soit transposé dans les droits de chaque État. Or je constate que même ceux qui y étaient très favorables au début ont moins d'allant aujourd'hui. Au printemps 2025, 18 pays sur 27 étaient à jour de leurs obligations dans la transposition du texte. La France ne l'a pas encore fait. Depuis 2023, j'assiste, dans les coulisses de l'État, à un débat qui ne manque pas d'une certaine hypocrisie. Le ministère des Finances voit dans cette mesure une manne financière potentielle de plusieurs milliards d'euros. Mais, pour que cet argent soit vraiment nouveau, il faudrait que le mécanisme européen vienne non pas remplacer la taxe carbone française, mais la compléter ! Ce qui ferait passer le prix du carbone en France autour de 100 euros, en rupture complète avec l'accord politique de 2022. Le sujet est tellement sensible que le ministère des Finances ne souhaite aucune communication et que le gouvernement repousse la mise à l'agenda de l'Assemblée nationale de ce texte, car il sait n'avoir, à ce jour, aucune majorité pour le voter. Autrement dit, depuis deux ans, dans les coulisses de la construction budgétaire à moyen terme de la France, je vois des documents qui prennent en compte des milliards de recettes supplémentaires théoriques… tout en n'assumant pas le fait d'oser en parler !

Introduire un prix progressif du carbone

On le voit, l'enjeu du prix du carbone est politiquement extrêmement sensible. Pour sortir de cette impasse, je suis favorable à ce que l'on rende la taxe carbone progressive en fonction de trois facteurs : le revenu, les consommations et l'existence ou non d'alternatives. Aujourd'hui, la taxe carbone s'apparente à un impôt dit « proportionnel » ou *flat*. Quels que soient votre revenu ou votre situation, si vous consommez un litre de carburant vous payez le même montant de taxe carbone. Or tous les impôts *flat* sont plus injustes que les impôts progressifs. La fiscalité écologique a été construite, depuis les années 1970, sur le modèle des impôts *flat*. Je pense qu'il est plus que temps d'entamer sa transformation en impôt progressif qui tienne compte du revenu des familles, de la possibilité ou non d'avoir accès à des alternatives comme des transports en commun et du niveau de consommation, car il n'est pas normal à mes yeux que la première tonne de CO_2 soit taxée au même prix que la dix millième !

Cette idée de progressivité est d'ailleurs en train de se mettre en place mais sans que cela soit suffisamment porté politiquement et expliqué aux Français (et plus largement aux Européens). Prenons deux exemples. Pendant longtemps, il a été dit, à juste titre, que l'aviation échappait à la fiscalité écologique. Depuis la réforme du marché du carbone que nous avons votée en 2023, cela n'est plus vrai. Depuis l'année dernière, les compagnies aériennes qui font décoller des avions depuis l'Europe, même les compagnies non européennes, doivent s'acquitter d'un prix du carbone. Ce prix évolue sur le marché du carbone, autour de 70 euros la tonne de CO_2 émise en 2024. Soit une fois et demie plus que la taxe carbone française que vous payez quand vous achetez un litre d'essence à la pompe. Le système est donc beaucoup plus juste maintenant… mais peu de gens en ont conscience. Second exemple : à l'initiative de Jacques Chirac, dans les années 1990, la France a introduit une taxe sur les billets d'avion. Cette taxe n'a pas été pensée comme un outil de fiscalité écologique mais pour financer les actions de solidarité internationale de la France. Néanmoins, elle produit exactement le même effet en rendant le prix du billet d'avion plus cher. Or le gouvernement a décidé dans le budget 2025, finalement adopté en février 2025 après de nombreuses péripéties politiques, d'augmenter fortement cette taxe sur les billets d'avion en introduisant des différences majeures entre un billet de classe économique et celui pour un vol dans un jet privé. Les chiffres parlent d'eux-mêmes : plus 7 euros pour un vol en classe économique, plus 4 000 euros pour une place dans un jet privé ! Voilà une mesure de justice fiscale et écologique qui, j'en suis certain, mettra de nombreux Français d'accord !

Des solutions accessibles pour tous : l'exemple de la voiture électrique

S'assurer que le Pacte vert est juste passe aussi par une attention particulière à l'accessibilité des solutions qui permettent de réduire nos émissions de CO_2. L'exemple le plus présent dans le débat public est sans doute celui des voitures. Nous avons voté en 2023 le passage progressif au 100 % de ventes de voitures zéro émission en 2035. Aujourd'hui, les voitures électriques sont encore plus chères à l'achat que les voitures thermiques. L'augmentation de la part de ventes de voitures électriques est, de ce fait, perçue par une partie de la société comme un élément de renchérissement du coût de la voiture et donc d'exclusion.

Cette perception est encore renforcée par l'instrumentation politique qui en est faite par l'extrême droite et renvoie à l'idée, au fond, que la transition écologique, c'est une société à deux vitesses : ceux qui ont les moyens de jouer le jeu… et les autres, laissés au bord du chemin. Cette perception est évidemment mortifère pour la transition. Il faut donc la contrer, à la fois en revenant aux faits et en mettant en place les bonnes politiques publiques.

Rappelons quelques faits : pour évaluer le coût d'une voiture, il ne faut pas seulement regarder le prix d'achat, mais également ce que les spécialistes appellent le « coût total de possession », à savoir, en plus du prix d'achat, le prix des assurances, du carburant, de la maintenance chez le garagiste, etc. Or, lorsqu'on additionne tous ces coûts, la voiture électrique est… moins chère que la voiture thermique. Notamment parce qu'elle demande beaucoup moins d'entretien, ce qui permet d'économiser quelques milliers d'euros, et parce que le prix d'une charge est bien inférieur à celui d'un plein. Charger une voiture électrique chez soi avec la borne installée dans le garage de son pavillon coûte entre 4 et 7 euros. Soit dix fois moins que le plein de carburant ! Deuxième fait : les Français les plus sensibles aux enjeux de pouvoir d'achat n'achètent pas de voitures neuves, mais des voitures d'occasion. Seuls 7,5 % des Français dont les revenus sont en dessous du revenu médian achètent des voitures neuves* ! Et les règles que nous avons votées ne portent que sur les voitures neuves. Un Européen pourra continuer pendant des décennies à acheter une voiture thermique d'occasion…

Il n'en reste pas moins que, en France, le jour de l'achat, une voiture électrique est généralement plus chère que son équivalent thermique. Il est donc nécessaire de déployer des politiques publiques qui viennent encore réduire les inégalités d'accès potentielles. De tous les outils à notre disposition, je ne prendrai qu'un seul exemple : le leasing social de voitures électriques. Au début de l'année 2022, nous sommes quelques-uns à travailler au programme écologique du futur candidat Macron. Je propose une idée simple :

---

* Achats automobiles en 2022 : moins de motorisations thermiques et des véhicules plus récents pour les ménages les plus aisés (disponible à l'adresse : https://librairie.ademe.fr/ged/6487/ONPE-ouvrage-numerique-rapport-final-2024.pdf).

rendre accessible pour 100 euros par mois de loyer l'accès à une voiture électrique neuve pour des ménages situés en milieu rural qui n'ont donc pas d'alternative à la voiture. L'idée, baptisée ensuite « leasing social », est reprise dans la campagne et officiellement lancée en avril 2023 par le gouvernement d'Élisabeth Borne. Le succès est immédiat : en un peu plus d'un mois, la totalité du budget prévu pour l'année est consommée. Plus de 90 000 ménages font la démarche de s'inscrire pour bénéficier du dispositif. On peut bien sûr toujours améliorer l'outil d'un point de vue technique, mais le succès politique est évident. C'est une mesure forte qui, au-delà de son effet concret, permet de changer les représentations sur le sujet, hautement symbolique, de la voiture électrique*. Tout d'un coup, une voiture électrique neuve devient accessible à des ménages qui roulent avec un « vieux diesel ». Le leasing social change donc la perception, bien installée chez certaines catégories de Français et d'Européens, que « l'écologie, ce n'est pas pour eux ». Voilà un point clé qui fera le succès, ou l'échec, du Pacte vert.

Je me réjouis que les débats sur le leasing social aient maintenant franchi les frontières françaises et se posent au niveau européen. En 2024, le chancelier allemand de l'époque, Olaf Scholz, a proposé qu'un tel dispositif soit mis en place au niveau du budget européen. De nombreux collègues au Parlement européen, quelle que soit leur couleur politique, le regardent avec intérêt, et je vais me battre pour transposer cette idée à l'échelle du continent.

* Le Conseil de planification écologique du 31 mars 2025 a annoncé la reconduction du leasing social pour les voitures électriques à la rentrée. Les détails précis du dispositif, notamment les critères d'éligibilité, restent à venir. Toutefois, il est d'ores et déjà acquis que l'aide publique par véhicule sera significativement réduite par rapport à 2024 : de 13 000 euros, elle pourrait passer à 6 000 ou 7 000 euros.

Accompagner les changements dans l'emploi

Une troisième entrée dans le débat sur le caractère juste ou non du Pacte vert a trait aux emplois qu'il contribue à créer ou à détruire. Comme le disait l'ancienne secrétaire générale de la Confédération internationale des syndicats, l'Australienne Shannon Burrow : « Il n'y aura pas d'emplois sur une planète morte. » Une formule qui résume bien la dépendance de nos économies aux fondamentaux écologiques. Mais qui ne résout pas l'enjeu crucial, pour les personnes concernées, de la transition et de son impact sur LEUR emploi.

Posons d'emblée une réalité économique historiquement incontestable : toute révolution technologique a mené à des créations de nouveaux emplois et à la destruction d'une partie des emplois existants. Dans les années 1830, les ouvriers qui fabriquent la soie dans la région de Lyon se révoltent contre l'arrivée de machines qui remplacent leur travail manuel. En 1900, Paris compte 80 000 chevaux qui circulent dans les rues, et la voiture à cheval fait travailler des dizaines de milliers de personnes, en commençant par les cochers et les palefreniers. Avec l'arrivée de la voiture à moteur, ces emplois disparaissent progressivement. Il en fut de même au XXe siècle avec les emplois agricoles ou avec les postes de sténodactylo que l'on trouvait dans tous les bureaux des années 1960 et qui ont disparu avec l'arrivée des ordinateurs à partir des années 1970. Il n'y a aucune raison que cela soit différent avec le déploiement des technologies décarbonées. S'y opposer par principe, c'est refuser le progrès technique et assurer à nos concurrents, économiques et géopolitiques, un avantage stratégique. Aurait-il fallu refuser les voitures pour garder les emplois de cochers ou s'opposer aux ordinateurs pour conserver les sténodactylos ? À l'inverse, considérer que cela se réglera sans problème par la simple loi du marché revient à abandonner toute solidarité collective.

L'enjeu est donc d'identifier les métiers, les branches et les territoires les plus concernés, et de mettre en place des dispositifs de conversion adaptés, notamment en matière de formation professionnelle. À l'automne 2024, je me rends à Belfort avec mon collègue député européen Christophe Grudler dans l'usine Forvia. Forvia figure parmi les dix premiers équipementiers mondiaux. L'entreprise se développe massivement dans la mobilité électrique et hydrogène. Mais son métier historique est de faire des pots d'échappement. L'usine de Belfort est le reflet physique de la mutation de l'entreprise. Toute la partie gauche de l'espace de plusieurs centaines de mètres de long est occupée par les chaînes de production des équipements pour moteurs thermiques. À droite, sur un quart de l'espace, ont pris place les chaînes de production des moteurs hydrogène. Pour les produire, l'entreprise a formé ses salariés. Après un à trois mois de formation, un salarié passe d'une chaîne thermique à une chaîne hydrogène, et bien sûr peut repasser sur la chaîne thermique en fonction des besoins.

Les enjeux de formation se posent également parfois à l'échelle d'un bassin d'emploi entier. C'est le cas à Dunkerque, qui est en train de devenir l'un des *hubs* européens des industries de la transition climatique. En 2024, je m'y rends pour assister aux Assises de la transition. À côté du palais des Congrès se tient, au bord de la mer du Nord, la Fabuleuse Factory. L'objectif est de présenter les nouveaux employeurs de la transition : Verkor et ProLogium, qui fabriquent des batteries pour les voitures électriques, Orano et XTC New Energy, qui vont produire les composants pour les cellules de batteries, Suez, qui va les recycler, etc. Le tout représente plusieurs dizaines de milliers d'emplois. Des partenariats sont montés avec l'Éducation nationale pour s'assurer que les offres de formation initiale, notamment dans les lycées professionnels, les diplômes bac+3, etc., correspondent bien aux demandes à venir. Enfin, des partenariats sont montés avec France Travail pour que les chômeurs de longue durée puissent également suivre ces formations. Voilà des exemples concrets qui donnent de l'espoir quand vous les voyez se développer sur le terrain.

Construire le contrat social de la transition écologique

Ce travail de fourmi est absolument indispensable. C'est le contrat social de la transition écologique. Il est aujourd'hui peu présent en tant que tel dans le Pacte vert européen car l'Europe ne dispose pas de vraies compétences opérationnelles en la matière. Les politiques de formation, d'emploi, d'insertion, de reconversion, etc., sont très largement nationales car les États ont toujours refusé de les mettre en commun. C'est pour cela qu'il est, en 2025, toujours aussi difficile de faire valoir ses droits à la formation ou au chômage lorsqu'on déménage d'un pays européen à un autre. Et c'est pourquoi, dans la campagne des élections européennes de 2024, nous nous sommes engagés à porter une loi européenne pour la portabilité des droits sociaux.

De plus, ce que peut – et doit – faire l'Europe, c'est apporter des financements spécifiques sur ces sujets. C'est par exemple le cas, depuis 2021, avec le Fonds de transition juste (FTJ) qui accompagne la transition énergétique des territoires où se situent les industries les plus carbonées. En France, il concerne six régions : Auvergne-Rhône-Alpes, Grand-Est, Hauts-de-France, Normandie, Pays de la Loire et Provence-Alpes-Côte d'Azur. Il a, par exemple, contribué au financement de la construction du plus grand site de production d'hydrogène renouvelable en France. L'un des enjeux de la négociation budgétaire européenne, qui s'est ouverte à l'été 2025 pour le futur budget 2028-2035, sera de décliner ces outils à plus grande échelle dans tous les secteurs concernés. Nous avons déjà gagné le principe d'un Fonds de transition juste pour les sous-traitants de l'industrie automobile. Reste maintenant, après une analyse précise des besoins, à en déterminer le volume et les modalités d'intervention précises.

Enfin, on ne peut aborder les enjeux de transition juste sans rappeler une réalité que le débat public occulte trop souvent : les premières victimes des impacts négatifs des pollutions et des chocs climatiques sont très souvent les plus fragiles de nos sociétés. La pollution de l'air frappe davantage ceux qui vivent près des grands axes routiers, les enfants et les personnes âgées sont les premiers à souffrir en cas de pic de pollution ; les maisons qui se fissurent à cause de la fracturation des sols liée au manque d'eau sont souvent le seul patrimoine des familles qui les occupent, etc. De ce point de vue, agir pour diminuer les impacts du changement climatique, et donc agir sur les causes, est fondamentalement une politique de justice sociale.

CHAPITRE 5

Le Pacte vert menace-t-il notre pouvoir d'achat ?

Depuis l'invasion de l'Ukraine par la Russie et la montée en flèche des prix de l'énergie, on ne compte plus les enquêtes d'opinion qui montrent que la première préoccupation des Français, et des Européens, est « l'augmentation du coût de la vie ». Selon une enquête Eurobaromètre publiée en octobre 2024, 42 % des Européens considèrent la hausse des prix et le coût de la vie comme la principale préoccupation ayant motivé leur vote lors des précédentes élections européennes. C'est aussi, selon les enquêtes réalisées aux États-Unis après la réélection de Donald Trump à la Maison Blanche, la première raison du vote en sa faveur. L'impact du Pacte vert et de la transition écologique sur les prix est donc un enjeu majeur, à la fois sur le plan économique et sur le plan de l'acceptabilité sociale des mesures proposées.

Notre dépendance au prix du gaz fossile importé

Commençons notre tour de l'économie par les prix de l'énergie. Tous les Européens – entreprises comme particuliers – ont vu, en 2022, les montants de leurs factures exploser. Pourquoi ? Parce que les prix du gaz ont battu des records à cause de la guerre contre l'Ukraine. Les États européens, comme d'autres pays dans le monde, ont dû acheter du gaz en urgence à d'autres producteurs que la Russie. Et ces producteurs ont fait monter les prix. Cela explique l'envolée du prix du gaz. Mais pourquoi le prix de l'électricité a-t-il suivi ? Pour trois raisons.

Un hasard malheureux a fait que les capacités de production du nucléaire français étaient alors au plus bas en raison de problèmes de corrosion. Qui dit moins d'offre dit augmentation des prix. Deuxièmement, une partie de l'électricité européenne – 17 % en 2023 – est produite à partir de gaz. Donc, si l'un voit son coût augmenter, l'autre aussi. Mais la troisième raison est la plus fondamentale. Notre système de prix est basé sur le marché européen de l'électricité qui fait dépendre le prix de vente en gros de l'électricité de celui du gaz. Le prix du gaz augmentant, le prix de vente de l'électricité, même produite à partir d'énergies renouvelables et du nucléaire, augmente aussi. Autrement dit, ce que nous avons appelé « crise des prix de l'énergie » n'est justement pas une crise des prix de l'énergie en général, mais une crise liée à notre dépendance au prix du gaz fossile importé. Et c'est cette dépendance, couplée au système de fixation européen du prix, qui a déclenché un effet domino sur l'ensemble de notre économie.

J'en tire deux conclusions. La première, c'est qu'il fallait changer notre système de fixation du prix. Nous avons, en 2024, adopté une réforme importante du marché européen de l'électricité, permettant aux entreprises de se déconnecter des prix du marché en passant des contrats de long terme à prix fixes. Ils tiennent davantage compte du coût de production réel de l'électricité en Europe et minorent ainsi l'impact d'une crise comme celle que nous avons connue en 2022. Et la seconde conclusion, c'est que notre dépendance au gaz importé est la cause fondamentale du problème. Sur le moment, nous nous sommes donné un objectif de réduction de la consommation de gaz de 15 % pour l'hiver 2022-2023. Et ça a marché : la consommation de gaz en Europe a baissé de 18 % d'août 2022 à mars 2023, grâce à ces mesures d'urgence. Comme la consommation baissait, les prix se sont détendus.

Cette crise aurait dû s'appeler « crise du gaz » et non « crise des prix de l'énergie ». Et ce n'est pas un détail. Car, en politique, les mots ont un sens et cadrent les termes du débat. La généralisation d'une expression neutre comme « crise des prix de l'énergie » a empêché une prise de conscience plus forte de tout un chacun que la réalité de l'inflation avait une cause principale : notre dépendance au prix du gaz fossile importé. C'est ce que les milieux écologistes ont essayé de résumer en une expression anglaise *fossilflation*. Mais qui n'a pas eu un grand succès jusqu'à présent…

Les prix de l'alimentation liés aux prix des énergies fossiles

L'une des conséquences de l'augmentation des prix de l'énergie fut la hausse des prix de l'alimentation. Là encore il faut comprendre pourquoi. Deux mécanismes principaux entrent en jeu. Le premier s'appelle les engrais. Ce sont les produits que les agriculteurs mettent dans leurs champs pour booster la productivité du sol. Ils sont fabriqués à partir d'ammoniac, dont 80 % du coût est généré par l'utilisation de… gaz. Et les engrais sont partout : blé, soja pour l'alimentation animale, etc. Or l'un des premiers producteurs d'engrais au monde s'appelle… la Russie ! La crise des prix du gaz est donc rapidement devenue une crise des intrants agricoles.

Le second mécanisme est lié à l'augmentation du prix du pétrole, et donc des transports, car notre alimentation est aujourd'hui un produit largement mondialisé. La majorité des poulets consommés en France vient du Brésil, d'Ukraine ou de Thaïlande. Le soja qui nourrit les porcs européens vient du Brésil, et une partie de ces porcs sont vendus en Chine. Un tiers des tomates produites dans le monde vient de Chine, y compris dans les sauces tomate transformées en Italie et portant le logo « produit en Italie », etc. Autant d'exemples qui montrent que plus l'alimentation est transformée, plus elle dépend des prix du pétrole. Enfin, les deux derniers facteurs clés de l'inflation ont été la rupture des échanges sur le marché mondial du blé où la Russie et l'Ukraine pèsent, à elles deux, 15 % de la totalité de la production mondiale, et, enfin, l'augmentation du taux de marge des entreprises de l'agroalimentaire qui en ont profité au passage pour faire plus de bénéfices. En France, selon l'Insee, ce taux de marge est passé de 28 à 48 % entre 2021 et 2023 !

Lequel de ces nombreux facteurs est lié au Pacte vert ? Aucun ! Au contraire, c'est là encore la dépendance de notre modèle agroalimentaire aux énergies fossiles qui a été la courroie de transmission de l'inflation. J'ai pris le temps de rappeler ces faits car les mécanismes économiques derrière les chiffres d'inflation qui ont frappé tous les consommateurs européens sont assez peu connus. Et j'en conclus que si nous avions été dans une économie plus écologique nous aurions été non pas plus frappés par l'inflation alimentaire, mais moins !

Quel impact du Pacte vert sur les prix ?

Il ne faut néanmoins pas tomber dans une vision simpliste inverse. Oui, la transition climatique peut conduire à une augmentation des prix, au moins à court terme, en raison de deux mécanismes économiques qu'il faut là aussi décrypter. Le premier est lié à ce que les économistes appellent dans leur jargon l'« internalisation des externalités » ! Une formule compliquée pour traduire une réalité de bon sens : si émettre du CO_2 ne coûte rien, alors l'impact sur le prix de cette contribution au changement climatique est de zéro. Si émettre du CO_2 coûte 70 euros la tonne, comme c'est le cas aujourd'hui sur le marché du carbone européen pour les industriels, alors cela risque de se refléter dans le prix de vente des produits, car le coût de la pollution est maintenant pris en compte. Nous avons d'ailleurs eu ce débat au

Parlement européen en 2022 après l'invasion de l'Ukraine, où les groupes d'extrême droite préféraient accuser le marché du carbone européen plutôt que la Russie de Poutine ! La Commission européenne a alors calculé que l'effet de l'augmentation du prix du gaz sur le prix de l'électricité était neuf fois plus important que l'impact de l'augmentation du prix du carbone…

Le second mécanisme est lié aux technologies de substitution aux énergies fossiles. Produire de l'hydrogène décarboné plutôt que du gaz pour chauffer nos processus industriels est objectivement plus cher pendant un certain temps. Fabriquer des engrais à partir de cet hydrogène décarboné que l'on peut produire en Europe à la place du gaz fossile russe est aussi plus cher. Un autre exemple très concret est en discussion depuis 2024 au Parlement européen. Je suis le négociateur, pour mon groupe politique, d'une loi européenne qui prévoit notamment que toutes les voitures vendues en Europe, même produites en dehors de l'Europe, seront faites avec un certain pourcentage de plastiques recyclés. Le surcoût est évalué entre 25 et 50 euros par voiture par le Centre de recherche de la Commission européenne. Et le secteur de l'acier pousse pour étendre ce type d'obligation à l'incorporation d'acier vert ou recyclé dans les voitures. Selon l'ONG spécialisée Transport et Environnement, cela représente un surcoût de 60 à 70 euros par voiture pour 40 % d'acier vert et recyclé.

Nous touchons là à un débat politique de fond : est-il légitime d'augmenter le prix d'une voiture d'une centaine d'euros pour continuer à développer une industrie européenne du recyclage du plastique et financer une partie de la décarbonation du secteur de l'acier, industrie qui est aujourd'hui en péril en Europe ? Le prix en vaut-il la chandelle ? On peut répondre par la négative à cette question au nom du pouvoir d'achat. Mais alors il faut prendre en compte d'autres facteurs qui ont fait augmenter considérablement le prix des voitures neuves et notamment la « SUVisation » du parc. En cinq ans, le prix des voitures neuves a augmenté de 10 000 euros : en moyenne, de 26 590 euros en 2018 à 36 082 euros en 2024. La déstabilisation des approvisionnements lors de la période covid a clairement joué un rôle. Cependant, un facteur explique à lui seul l'essentiel de la hausse : les constructeurs préfèrent vendre moins de voitures en faisant plus de marge sur chacune d'entre elles en vendant des voitures plus grosses. Le nombre de voitures neuves vendues en Europe a d'ailleurs diminué fortement : de 24 millions à 16,5 millions entre 2007 et 2022. Mais chacune coûte plus cher. On le voit, le rôle de l'augmentation des prix liée à la transition écologique est bien plus faible que ce que le débat public ne le laisse penser !

Le surcoût « vert » peut être transitoire, le temps pour ces technologies d'émerger et de voir leur prix baisser grâce à de nouvelles innovations. C'est l'histoire du capitalisme et de l'association des entreprises privées avec la puissance publique. Sans les investissements publics américains dans la naissance d'Internet, celui-ci n'aurait jamais existé. Sans les contrats de concession de services publics, les autoroutes n'auraient jamais été financées dans les années 1960 car il n'y avait pas assez de voitures pour que ce soit rentable à court terme, etc. Lorsque les technologies nouvelles sont plus chères, il est nécessaire de déployer des outils de financement pour lisser ces surcoûts dans le temps, partager les risques, etc. C'est exactement ce à quoi je m'emploie par exemple dans le domaine des voitures électriques. Mais il faut aussi savoir protéger les entreprises qui jouent le jeu de ces nouveaux investissements contre la concurrence de celles qui ne le jouent pas. C'est pourquoi nous avons mis en place le mécanisme d'ajustement carbone et avons réussi à obtenir un changement du logiciel européen sur les clauses miroirs*.

En outre, l'impact de la transition climatique sur le pouvoir d'achat ne doit pas se limiter à une analyse « produit par produit », mais bien intégrer l'ensemble de l'évolution de nos modes de vie pour les rendre compatibles avec la neutralité climatique. Prenons l'exemple, sensible, de l'alimentation. Lorsque j'étais à la tête du WWF France, j'ai cherché à savoir si un panier de courses hebdomadaires pour une famille de quatre personnes (deux adultes et deux enfants) plus vert était forcément plus cher. Nous avons confié cette étude à un cabinet qui est parti du panier hebdomadaire moyen pour une famille de quatre personnes en France, soit 190 euros par semaine (prix de 2017) et l'a comparé à un panier qui augmente la part des céréales, des légumes, des légumineuses et diminue la part des produits carnés et transformés, tout en passant à 50 % de bio et de signes de qualité (Label Rouge, etc.). Résultat : sans dépenser 1 euro de plus, il est possible de réduire les émissions de CO_2 de son alimentation de près de 40 %, d'avoir 50 % de bio et de signes de qualité, et de favoriser de fait une agriculture plus locale**. Concernant la viande, il ne s'agit pas de la supprimer, mais de suivre le slogan « moins mais mieux de viande » qui permet d'acheter plus cher de la viande française de qualité en consommant moins de viande importée, par exemple du poulet brésilien ou thaïlandais, généralement de mauvaise

* Voir chapitre 12, « Le Pacte vert est-il compatible avec le libre-échange ? », p. 171.
** WWF France, « Pour le même prix, manger mieux tout en réduisant notre impact sur la planète, c'est possible », communiqué de presse, 9 novembre 2017 (disponible à l'adresse : https://www.wwf.fr/vous-informer/actualites/pour-le-meme-prix-manger-mieux-tout-en-reduisant-notre-impact-sur-la-planete-cest-possible).

qualité. Cette transformation n'est donc pas au détriment des éleveurs français mais, au contraire, à leur grand bénéfice.

Enfin, bien plus que l'inflation verte, nous faisons face à la menace de la « trumpflation », c'est-à-dire la hausse des prix liée aux tarifs douaniers mis en place par Donald Trump depuis son élection. Si le président américain va au bout de ses annonces, qui varient presque chaque semaine, les consommateurs américains paieront leur voiture entre 5 000 et 10 000 euros plus cher. Les économistes prévoient une augmentation significative de l'inflation liée aux nouveaux droits de douane. Cela n'est pas sans inquiéter même la base du parti républicain qui n'a pas oublié que la hausse des prix a justement été un déterminant important du vote en faveur de Trump, et pourrait se retourner contre lui lors des prochaines élections de mi-mandat en novembre 2026…

DEUXIÈME PARTIE

Les transformations économiques du Pacte vert

CHAPITRE 6

L'Europe est-elle résiliente face au changement climatique ?

Plus de 222 morts en novembre 2024 dans la région de Valence, en Espagne, après un épisode de pluie où il est tombé en huit heures l'équivalent d'un an de précipitations. Près de 200 en Allemagne, à l'été 2021, dans des inondations historiques. Et, en France, nous avons tous en mémoire les 15 000 décès liés à la canicule de 2003. Et il faut leur ajouter les 2 000 morts provoqués par la vague de chaleur en 2022 ou encore les 1 500 morts de 2023. Pourtant, malgré la multiplication des événements extrêmes, nous peinons à prendre la mesure du nouveau monde dans lequel nous sommes entrés avec le réchauffement climatique.

L'Europe se réchauffe deux fois plus vite que le reste du monde

L'Europe est loin d'être le continent le plus vulnérable aux effets du choc climatique. Les petites îles du Pacifique, par exemple, sont tout simplement menacées dans leur existence même par la montée des eaux. Et, en Afrique, les ravages du changement climatique frappent des territoires et des populations déjà accablés par la pauvreté. Mais il serait totalement faux de considérer que, parce que l'Europe est à la fois tempérée et riche, notre continent est immunisé contre les effets à grande échelle du changement climatique. Car, peu d'Européens en ont conscience, l'Europe se réchauffe presque deux fois plus vite que la moyenne mondiale. Autrement dit, quand l'accord de Paris fixe comme objectif de limiter le réchauffement à 1,5 ou 2 °C d'ici à 2100, cela signifie des températures en moyenne de 3 à 4 °C plus élevées en Europe. Comme nous sommes aujourd'hui sur une trajectoire de réchauffement autour de 3 °C au niveau mondial, cela signifie un réchauffement de 6 °C en Europe ! Aujourd'hui, selon les données des satellites Copernicus, l'Europe s'est déjà réchauffée de 2,3 °C par rapport au milieu du XIXe siècle. Autrement dit, nous devons nous attendre sur la vie d'une seule génération, celle de nos enfants nés ces dernières années, à un réchauffement de 2 °C de plus que celui que nous connaissons aujourd'hui !

Comme tout le monde, je peine à mesurer toutes les conséquences du dérèglement du climat. Pour m'y aider, j'ai rencontré à de nombreuses reprises les experts de l'Agence européenne de l'environnement. Cette agence, située à Copenhague, a cartographié les impacts du changement climatique en Europe au kilomètre carré près. Dès février 2020, j'analyse ces cartes avec les experts de l'Agence. Que prévoient-elles ? Dans les scénarios hauts mais probables, on y constate que l'entrée du tunnel sous la manche, le chantier naval de Saint-Nazaire, des parties entières de l'île d'Oléron, de la Camargue, mais aussi le port de Rotterdam ou la ville de La Haye aux Pays-Bas seront régulièrement sous l'eau.

La science est donc claire et suffisamment précise pour que chacune et chacun puisse regarder cette nouvelle réalité en face. J'organise avec les équipes de l'Agence un briefing média. J'envoie des courriers aux élus locaux. Mais l'alerte ne prend pas à la hauteur des enjeux. Même au sein de la Commission européenne, fer de lance du Pacte vert, l'attention porte quasi exclusivement sur la réduction des émissions et non sur l'adaptation aux conséquences du changement climatique.

Pourquoi l'adaptation mobilise-t-elle si peu ?

Ce déséquilibre entre les deux enjeux, tout aussi importants bien sûr, s'explique à mes yeux par trois facteurs. Le premier est que, jusqu'à ces dernières années, les politiques d'adaptation sont considérées comme locales. Évidemment, personne ne peut nier que les impacts d'une tempête, d'un feu de forêt ou du recul du littoral en raison de la montée des eaux ont bien lieu sur des territoires spécifiques. Mais considérer aujourd'hui que ce ne sont QUE des événements à portée locale ne correspond plus à l'évidence de leur multiplication systémique. Pour remédier à ce déséquilibre, je profite de la négociation de la loi climat en 2020 et 2021 pour déposer un amendement visant à imposer des *stress tests* climat sur les projets d'infrastructures financés par l'Europe au-dessus d'un certain montant. L'objectif est d'arrêter d'être aveugle et d'anticiper comment un projet fera face à un réchauffement de plusieurs degrés sur la durée de vie de l'investissement. L'amendement est adopté au Parlement européen, mais je dois dire que je n'ai pas reçu beaucoup de soutien dans la négociation finale en trilogue car, même en 2020-2021, les États membres considèrent que l'Europe n'a pas à se mêler de la façon dont ils gèrent (ou surtout ne gèrent pas) leur adaptation au choc climatique. Le résultat final de la loi climat n'est donc pas vraiment à la hauteur sur ce point, avec une simple demande à la Commission européenne de rédiger des « lignes directrices non contraignantes pour l'identification et la classification des risques climatiques » qui ne concernent que ses propres projets. Mieux que rien, mais peu transformateur.

Le deuxième facteur qui explique cette faible mobilisation a trait à ce qui a longtemps été la position des ONG sur ce sujet : parler d'adaptation, c'est acter l'échec des politiques de réduction des émissions de CO_2. Lorsque j'étais ministre délégué au Développement entre 2012 et 2014, notamment en charge, sous la responsabilité de Laurent Fabius alors ministre des Affaires étrangères, de préparer la COP21 qui s'est tenue à Paris en 2015, j'avais le plus grand mal à mobiliser sur l'adaptation. Dès cette période, j'ai été confronté à l'idée qu'en parler c'était renoncer à gagner la bataille. C'est d'ailleurs cette même logique que j'ai vue à l'œuvre, en février 2023, lorsque Christophe Béchu, alors ministre de l'Écologie, lance une grande mobilisation sous la bannière « France à + 4 °C ». Les premières réactions du monde écolo traditionnel restent la prudence, considérant qu'il vaut mieux investir son capital politique dans la réduction des émissions plutôt que dans la gestion des conséquences d'une action insuffisante. Je comprends le raisonnement théorique, car la meilleure politique d'adaptation, c'est la réduction des émissions pour éviter de vivre dans un monde à 3 ou 4 °C de réchauffement. Mais je pense que les enjeux d'adaptation sont une des clés pour faire comprendre que le *statu quo* n'est plus possible et qu'ils sont justement un levier à utiliser pour susciter davantage d'adhésion aux actions nécessaires pour réduire nos émissions, et non l'inverse. C'est le cas notamment avec le monde agricole, car aucun agriculteur ne nie aujourd'hui l'impact du dérèglement climatique sur ses cultures.

Le troisième facteur est le coût financier et psychologique potentiel du choc climatique. Il est tel que le consensus collectif est de finalement privilégier la « politique de l'autruche ». Même si cette expression née au XVIIIe siècle s'est révélée… complètement fausse dans la vraie vie des autruches, elle est passée dans le langage courant pour illustrer le fait de se mettre la tête dans le sable et ainsi ne pas avoir à regarder le danger en face et… espérer que celui-ci passera. C'est exactement ce que nous continuons à faire, malgré les cartes de l'Agence européenne de l'environnement et les alertes répétées des scientifiques. D'un point de vue individuel, nous préférons nous raccrocher au fait qu'il est toujours possible d'échapper à un événement dramatique. Et, statistiquement, c'est, en effet, toujours possible. En France, plus de la moitié des maisons individuelles sont exposées au phénomène de « retrait-gonflement des argiles », largement accentué par le réchauffement climatique, et qui constitue désormais la deuxième cause d'indemnisation après les inondations. Selon les estimations du Centre de ressources pour l'adaptation au changement climatique, plus de 10 millions de maisons individuelles en France seraient concernées, principalement en Île-de-France, en Occitanie et en Nouvelle-Aquitaine !

Si le risque est fort, il n'est jamais certain à titre individuel. Mais, lorsqu'on passe de l'échelle individuelle à la dimension collective, le raisonnement ne tient plus. C'est le sens d'une phrase d'Henri de Castries, l'ancien patron de la compagnie d'assurances AXA, restée célèbre dans la communauté du climat : « Un monde à 4 °C de réchauffement est un monde qui n'est plus assurable. » Pourquoi ? Parce que les catastrophes deviennent certaines. Or les mécanismes d'assurance ne fonctionnent que si le risque est possible, mais non certain. Si tous les conducteurs et toutes les conductrices avaient un accident de voiture, aucun assureur ne proposerait de contrat ou alors à des prix extravagants. Cette phrase d'Henri de Castries date de 2014, un an avant la COP21 de Paris. Depuis, et alors que nous ne sommes « que » à 1,3 °C de réchauffement, son analyse est en train de devenir réalité.

Dans notre pays, selon un rapport de l'Association des maires de France, entre 1 000 et 2 000 communes ne trouvent plus d'assureurs car le risque d'événements climatiques extrêmes sur leur territoire est devenu trop certain. C'est le cas par exemple des Sables-d'Olonne, en Vendée, menacée par la montée des eaux. Résultat : les appels à la solidarité nationale se multiplient, avec un double risque. Le premier est le risque budgétaire car ces engagements coûteront de plus en plus cher aux États. Le second est que, protégées par la solidarité nationale, les personnes ou les collectivités et entreprises concernées considèrent qu'il n'y a pas de changements à opérer.

La Floride est un bon exemple de ce qui nous attend. Cet État américain est progressivement abandonné par les assureurs privés car les événements climatiques y sont devenus annuels. Le premier assureur est devenu l'État de Floride lui-même car les polices d'assurance privées sont passées de 2 000 à 11 000 euros par an pour une habitation, selon l'institut de recherche spécialisé First Street Foundation. Et pourtant, les habitants des côtes de Floride n'ont pas changé leur comportement, et Donald Trump y est arrivé largement en tête aux dernières élections, malgré ses positions ouvertement climatosceptiques…

Pour sortir de ce cercle vicieux et enfin lancer une grande politique d'adaptation aux chocs climatiques devenus malheureusement inévitables, je me bats au Parlement européen sur plusieurs fronts.

Identifier les infrastructures à risque

Le premier m'a mené à Rotterdam, dans la salle de commande du plus grand port européen qui s'étale sur 45 kilomètres de long, soit 4,5 fois Paris d'est en ouest ! J'y rencontre les équipes qui gèrent le port, premier point d'entrée des marchandises du monde entier sur le marché européen. Ma question est simple : « Avez-vous testé la résilience du port à la montée des eaux liée au réchauffement climatique ? Avez-vous pris les mesures pour remédier aux conséquences ? » La réponse, embarrassée, du directeur est : « Non, pas vraiment. » Autrement dit, malgré leur immense professionnalisme qui leur permet de gérer ce qui est peut-être l'infrastructure la plus importante pour l'économie européenne, les équipes du port de Rotterdam ne savent pas vraiment où sont les risques potentiels ni comment les contrer. C'est pourquoi je travaille avec la Commission européenne pour obtenir un *stress test* obligatoire de toutes les infrastructures stratégiques comme les ports, les centrales nucléaires, les grandes voies navigables comme le Rhin ou le

Danube, etc. Cette mesure nous permettrait de cesser d'être aveugles et d'investir aujourd'hui pour éviter le pire demain. C'est une bataille que je n'ai pas encore gagnée… même si je vois avec satisfaction cette idée progresser sur le terrain.

Lors d'un déplacement en Guadeloupe pour le Parlement européen, je rencontre les équipes du port de Pointe-à-Pitre. Ce dernier fait partie des 11 grands ports français et est exposé chaque année à des phénomènes météorologiques extrêmes, comme des cyclones, qui sont de plus en plus fréquents et puissants. Les équipes du port ont réalisé une analyse qui traduit exactement ce que je voudrais généraliser. Après avoir identifié les zones du port les plus sensibles aux submersions, elles ont décidé de modifier l'organisation du port et d'abandonner certaines activités en les relocalisant ailleurs. Et les espaces libérés deviennent… des zones de restauration de la nature qui peuvent être sous l'eau sans que cela gêne l'activité du port. Des palétuviers poussent ainsi à la place d'anciennes infrastructures portuaires, palétuviers qui seront ensuite replantés ailleurs et deviendront de la mangrove capable de protéger le littoral de l'île de la montée des eaux ! Cette prise de conscience n'est malheureusement pas encore partagée par l'ensemble des ports français, selon l'aveu des équipes de Pointe-à-Pitre.

Heureusement, dans d'autres secteurs, l'intégration de ce *stress test* a déjà eu lieu. C'est le cas des centrales nucléaires françaises, qui sont maintenant soumises de manière systématique à des tests de résistance de la part de l'Autorité de sûreté nucléaire. Lors d'une visite de la centrale de Gravelines, la plus importante d'Europe, située entre Dunkerque et Calais sur le littoral de la mer du Nord, je constate en effet que des murs de plusieurs mètres de haut ont été construits pour la protéger de la montée des eaux lors des grandes tempêtes.

Protéger les rendements agricoles

Le deuxième front est l'agriculture. Les premières victimes des chocs climatiques sont les agriculteurs. La multiplication des événements hors norme met en péril la capacité des producteurs de notre alimentation à anticiper leurs rendements et donc l'équilibre économique de leurs exploitations, ainsi que notre souveraineté alimentaire. En Italie du Nord, dans les régions du Piémont, de la Lombardie et dans la plaine du Pô que l'on surnomme le « triangle d'or » de la riziculture, la sécheresse est une réalité quotidienne. Or cette région est la première en Europe pour la culture du riz, qui nécessite beaucoup d'eau. Les rendements y diminuent sans discontinuer depuis le début des années 2020, et la surface totale cultivée se contracte. Résultat, 50 % de la production de riz a été perdue en 2022, tandis que la surface cultivée a baissé de 7,5 % en 2022 par rapport à 2021, et la réduction est du même ordre entre 2022 et 2023 ! En Espagne, premier producteur au monde d'huile d'olive, les agriculteurs ont vu leur production divisée par 2 entre 2021 et 2024, notamment en Andalousie, première région de production d'huile d'olive du pays.

Mais, comme le dérèglement climatique ce n'est pas seulement plus de période de sécheresse mais aussi plus d'épisodes de pluies intenses, les rendements agricoles sont aussi mis en danger par la pluie excessive. C'est le cas en 2024, par exemple, de la culture du blé tendre en France qui a connu ses pires années depuis des décennies, alors que ce produit représente notre principale source d'exportation dans le secteur des céréales.

Face à ce constat objectif, nous devrions être capables de construire des réponses consensuelles. Mais la polarisation politicienne prend souvent le pas. La loi sur la restauration de la nature* est un outil pour développer les solutions dites « basées sur la nature » et nous rendre plus résilients face au choc climatique. Un seul exemple : nous avons besoin de zones humides pour stocker le surplus d'eau en cas de pluies intenses. Or ces zones humides diminuent d'année en année sous l'effet de l'artificialisation des sols. En permettant à la nature de faire de nouveau son travail, nous améliorons notre capacité à faire face aux événements climatiques et donc à préserver notre capacité à produire dans la durée. C'est d'ailleurs pour cela que la loi sur la restauration de la nature était soutenue par les entreprises de l'agroalimentaire, ou encore, dans un autre domaine, par IKEA qui voit chaque année les forêts européennes s'affaiblir dans certains pays, comme la Roumanie par exemple, mettant en péril son approvisionnement de bois à moyen terme. Et pourtant, cette loi a fait l'objet d'une attaque en règle de la part des groupes de droite et d'extrême droite au Parlement européen, au point de mettre en cause son existence même. Les solutions d'adaptation basées sur la nature sont donc passées de justesse avec les voix du centre et de la gauche contre celles de droite et d'extrême droite. Et les solutions basées sur les technologies font, elles, l'objet de la même polarisation politique… mais inversée.

* Voir chapitre 8, « L'impossible transition agricole ? », p. 104.

Investir dans de nouvelles solutions technologiques

En juillet 2023, la Commission européenne a proposé une loi pour autoriser en Europe la production et la commercialisation des « nouvelles techniques génomiques » (NGT en anglais). Celles-ci sont aujourd'hui considérées, par défaut, comme des OGM et donc inexistantes en Europe. Or ces nouvelles techniques génomiques se différencient des OGM en ne faisant pas se croiser des gènes d'espèces différentes par mutagenèse, mais bien des gènes issus de la même espèce. Autrement dit, ces techniques améliorent en laboratoire ce que la nature fait elle-même. Mais en allant beaucoup plus vite. Et c'est précisément ce dont nous avons besoin dans un contexte où nous devons nous adapter très rapidement au changement climatique. Lors de la négociation de ce texte, j'ai vu de nombreuses applications potentielles de cette technique. Début 2025, je me suis rendu près d'Arras dans le Pas-de-Calais auprès d'un producteur de pommes de terre qui a passé ses champs en agriculture de conservation et a ainsi réduit considérablement l'utilisation des produits phytosanitaires. Et il m'a dit attendre avec impatience l'autorisation des semences NGT pour disposer d'une nouvelle variété de pommes de terre résistantes au mildiou, micro-organisme qui fait des ravages dans ses cultures, et ainsi supprimer encore des traitements.

Le « *pipe* » de recherche et développement de ces nouvelles semences est intéressant et justifie l'action législative : tomates résistantes au stress hydrique ou à la salinisation des sols, raisin ou banane résistant aux champignons et n'ayant pas besoin de fongicides, etc. Tout cela est au stade de la recherche, et les laboratoires continueront leur développement uniquement si un cadre légal sécurise les investissements dans le secteur. Il faut bien sûr encadrer ces techniques en s'assurant que leur bénéfice est bien réel (notamment en n'autorisant pas les semences NGT dont la seule fonction est d'être résistantes aux pesticides). Mais, une fois ces garanties apportées, je suis favorable à cette innovation. Je négocie au nom de mon groupe politique le compromis final avec le Conseil. J'ai bon espoir, au moment où j'écris ces lignes, de parvenir à un accord définitif courant 2025 pour permettre le développement, bien encadré, de ces nouvelles solutions.

J'ai donc voté au Parlement européen en faveur des NGT, comme j'ai voté, le même mois, l'accord final sur la loi sur la restauration de la nature. Je considère que nous avons besoin de tous les outils à notre disposition pour nous donner une chance de faire face aux chocs qui se multiplient. Et je continuerai à me battre pour cette approche consistant à additionner les solutions et non à les opposer. Et à privilégier, dans tous les cas, les analyses basées sur les faits. Et, dans un contexte de montée des populismes, ce n'est pas une évidence pour tous. En mai 2023 en Andalousie, les paroissiens de Jaén, une commune proche de Cordoue, organisent une procession religieuse à la Vierge Marie soutenue par le parti catholique d'extrême droite Vox pour faire pleuvoir sur les oliviers… Parti d'extrême droite dont les représentants au Parlement européen passent leur temps à voter contre tous les textes du Pacte vert…

CHAPITRE 7

Le Pacte vert, atout ou handicap pour la compétitivité ?

Le rapport Draghi, publié par l'ancien gouverneur de la Banque centrale européenne en septembre 2024, a mis les pieds dans le plat. L'économie européenne est menacée d'une « lente agonie » car elle souffre d'un manque d'innovation, de moindres gains de productivité et de coûts de l'énergie plus élevés que ses concurrents américains ou chinois. Ainsi, les prix de l'électricité en Europe sont deux à trois fois plus hauts qu'aux États-Unis et en Chine. La principale raison de l'écart de productivité entre les pays européens et les États-Unis, depuis les années 1990, a été l'incapacité de l'Europe de capitaliser sur les révolutions numériques. Selon Mario Draghi, si l'on exclut le secteur technologique, la croissance de la productivité par habitant de l'Europe au cours des vingt dernières années serait globalement équivalente à celle des États-Unis.

Le rapport Draghi est clair sur le Pacte vert : la décarbonation représente une opportunité pour l'Europe, tant pour devenir leader dans les technologies propres et les solutions circulaires que pour développer une production énergétique sécurisée, abordable et durable, en s'appuyant sur ses propres ressources. Toutefois, la réussite de cette transition dépendra de la cohérence entre l'ensemble des politiques et les objectifs de décarbonation. Enfin, le rapport conclut sur un équilibre politique appelant, à la fois, à simplifier les règles du jeu et à mettre plus d'argent sur la table, y compris par un nouvel emprunt commun européen pour investir dans nos priorités.

Les ambiguïtés de la simplification

J'ai accueilli positivement ce rapport lors de sa publication car il offre une analyse de la complexité de la situation tout en mettant l'accent sur les atouts dont dispose l'Europe.

Pourtant, comme souvent en politique, le débat s'est rapidement simplifié… et caricaturé. D'une part, la partie sur l'investissement et la nécessité d'un nouvel emprunt commun européen a été rapidement écartée par l'ancien gouvernement allemand. Le ministre des Finances de l'époque, Christian Lindner, a réagi en moins d'une demi-journée indiquant qu'une telle hypothèse était par principe exclue par l'Allemagne. Puis le débat sur la simplification s'est transformé en simplification… des normes environnementales. Nous aurions, au contraire, pu avoir comme débat prioritaire de simplifier nos règles fiscales, ou nos règles d'attribution des financements aux entreprises, ou encore nos règles restreignant la circulation de la main-d'œuvre en Europe. Mais non ! Ce sont les règles environnementales, et notamment celles du Pacte vert, qui sont devenues les principales règles à simplifier… et donc, pour certains, à supprimer. Ce glissement s'explique pour trois raisons.

La première est que la simplification des autres règles demande, en fait, de renforcer la coopération européenne au détriment des règles nationales. S'il est aujourd'hui plus compliqué de développer une start-up en Europe qu'aux États-Unis, c'est notamment parce que nous avons 27 droits des affaires différents. Quand une entreprise voit le jour en Italie et qu'elle veut accéder au marché français en y créant une filiale, elle doit dépenser des dizaines de milliers d'euros en frais d'avocat, de conseils, etc., car les règles d'autorisation, les règles fiscales, les règles d'accès aux données, etc., diffèrent. Je suis très attaché à simplifier cela, et je travaille au Parlement européen à la négociation d'un cadre juridique unique pour les start-up de façon à leur simplifier la vie. Cela s'appelle, dans le jargon, le « 28e régime ». Et je vois déjà beaucoup de réticence de la part des gouvernements, pourtant favorables à la simplification, à partager quelques compétences de plus…

La deuxième raison est que la planète n'a pas de voix. Si vous touchez aux compétences d'un État, des dizaines de fonctionnaires des ministères concernés vont monter des argumentaires pour s'y opposer. Si vous touchez aux intérêts établis d'une entreprise, elle va embaucher des dizaines de lobbyistes pour les défendre. Si vous touchez à la biodiversité, au climat ou à la qualité de l'eau des rivières… eh bien, il ne se passe rien. La planète n'est ni un lobby ni un État. D'où l'importance des ONG environnementales qui sont les seules à avoir comme mission de défendre « les intérêts de la planète ». Et c'est d'ailleurs pour cela que l'offensive contre le Pacte vert vise à les faire taire*. S'en prendre aux règles environnementales, c'est la certitude de ne pas avoir

* Voir chapitre 17, « Le Pacte vert, au péril de la montée de l'extrême droite », p. 237.

d'adversaire direct. C'est donc plus facile et, d'une certaine manière, plus lâche.

Et la troisième raison est la recherche d'un bouc émissaire à nos problèmes. C'est un grand classique de la construction des débats politiques simplificateurs : d'abord définir un adversaire qui est la cause de nos difficultés – le grand capital pour l'extrême gauche, les migrants et l'écologie pour l'extrême droite ; une fois que le bouc émissaire est trouvé, tout le discours consiste à lui faire porter la responsabilité des problèmes. Depuis les élections européennes de 2024, je ne compte plus les interventions au Parlement européen visant à faire du Pacte vert le responsable de tous les maux. Je reviendrai longuement sur cet aspect dans le chapitre consacré à l'offensive de l'extrême droite contre le Pacte vert.

Rappeler ce glissement simplificateur est essentiel car il dévoile ce que les analystes de la communication politique appellent le « cadrage » d'un problème. Face à un constat objectif, posé dans sa complexité par le rapport Draghi, la structuration de la réponse politique et médiatique est une construction qui ne doit rien au hasard. Et il est important d'en comprendre les mécanismes pour ne pas tomber dans le premier piège tendu…

Simplifier en s'appuyant sur les faits

Faut-il pour autant refuser toute réforme des règles du Pacte vert au nom de la compétitivité des entreprises européennes ? Non, bien sûr. Mais après analyse et non en vertu d'un raisonnement de « bouc-émissairisation » qui ne reposerait pas sur les faits. Prenons un exemple.

En 2023, nous avons réformé le marché européen du carbone qui donne un prix aux émissions de CO_2 de 12 000 entreprises industrielles en Europe. Tous les économistes s'accordent à dire qu'il est impossible de réussir la transition climatique si nous ne donnons pas un prix au fait d'émettre du CO_2, et donc une valeur économique au fait de ne pas en émettre. L'Europe a mis en place le premier marché du carbone au monde en 2005, et c'est toujours de loin le plus important en valeur au niveau mondial. Mais, pour ne pas mettre en danger notre compétitivité industrielle, nous avons immédiatement atténué en 2005 la portée du dispositif en offrant à nos industriels ce qu'on appelle des « quotas gratuits ». Cela signifie que les entreprises couvertes par le marché du carbone ne paient le CO_2 que sur une partie réduite de leurs émissions. Par exemple, en 2022, plus des deux tiers des quotas ont été alloués gratuitement aux industriels français couverts par ce marché. Cela réduit bien sûr d'autant l'impact climatique du dispositif. Nous avons donc décidé en décembre 2022 de supprimer progressivement, sur dix ans, les quotas gratuits pour améliorer l'efficacité de la mesure.

Et, en parallèle, nous avons instauré un mécanisme d'ajustement carbone aux frontières (MACF), qui assure que le même prix du carbone est payé par les entreprises qui importent les produits couverts par le marché européen du carbone. Cette nouvelle règle permet de faire payer à tout le monde le prix de ses émissions de CO_2 tout en assurant une concurrence équitable à nos industriels. Comme nous sommes les premiers au monde à mettre en place un tel mécanisme, nous avons créé une période de transition de quelques années qui permet de développer les outils techniques, de collecter les données, etc. Maintenant que les outils sont en place, il apparaît que 10 % des plus gros importateurs sont responsables de 99 % des émissions couvertes par le MACF. Autrement dit, on peut conclure de manière objective que le seuil d'entrée dans le dispositif est trop bas et que nous demandons à trop d'entreprises des données pour un impact climatique très limité. C'est pourquoi j'ai soutenu en mars 2025 la modification du seuil proposée par la Commission européenne de façon à exonérer ceux qui importent moins de 50 tonnes par an d'aluminium, d'acier, d'engrais ou de ciment. Pouvions-nous faire autrement avant ? Non, car par définition nous n'avions pas les données puisque personne n'était supposé les fournir ! Sur la base de cette analyse objective, nous avons donc pris une bonne décision de simplification de l'une des règles du Pacte vert.

Le contre-exemple de la CSRD

Une simplification intelligente des règles du Pacte vert est donc possible – et même souhaitable –, car ce qui est complexe est plus difficile à mettre en œuvre, ce qui nuit à l'atteinte de nos objectifs. Dans mon action au Parlement européen, je cherche en permanence à valoriser ce type de simplification tout en m'opposant à celles qui auraient pour conséquence de rendre impossible l'atteinte de ces mêmes objectifs. Je prendrai l'exemple de l'un des textes du Pacte vert qui a déjà fait l'objet début 2025 d'une proposition législative de la Commission européenne en vue de sa simplification, la CSRD (Directive sur le *reporting* extrafinancier). Ce texte, peu connu du grand public mais très présent dans les débats des entreprises autour du Pacte vert, oblige progressivement les entreprises de plus de 250 salariés à mesurer leur impact sur le climat et les autres enjeux environnementaux en calculant, par exemple, l'empreinte carbone de leur activité. Accusé d'une lourdeur administrative trop importante, il a failli être tout bonnement vidé de son contenu au début de l'année 2025.

Quelques semaines avant la publication par la Commission européenne de la nouvelle version « simplifiée », les rumeurs sont tenaces. Avec d'autres, je tire la sonnette d'alarme*. Je rencontre le commissaire en charge du dossier, le Letton Valdis Dombrovskis, commissaire européen depuis 2014 et ancien Premier ministre de son pays. Mon message est simple. Si nous renonçons à demander des données aux entreprises, alors nous ne pourrons plus favoriser celles qui ont la plus faible empreinte carbone, par exemple dans nos marchés publics. Si nous renonçons à ce que les entreprises européennes parlent le même langage avec les mêmes indicateurs, en matière de climat ou de biodiversité par exemple, alors nous complexifions la vie d'un investisseur suédois qui veut investir dans une entreprise espagnole mais qui a besoin de comprendre, par exemple, de quelle façon celle-ci est exposée au risque climatique. En l'absence d'un cadre unique européen, cet investisseur devra d'abord comprendre comment le système de données espagnol fonctionne, s'il peut lui faire confiance, dans quelle mesure il diffère du système suédois dans lequel il doit, lui, rendre des comptes à ses financeurs. C'est précisément pour sortir de cette complexité que nous avons créé un texte européen qui harmonise tout cela.

---

* Pascal Canfin, « En se disant ouverte à un report de la CSRD, la France "s'affaiblit dans la négociation à venir" », janvier 2025 (disponible sur https://www.aefinfo.fr/depeche/725603-en-se-disant-ouverte-a-un-report-de-la-csrd-la-france-s-affaiblit-dans-la-negociation-a-venir-pascal-canfin).

Renoncer à cette harmonisation, c'est renoncer à favoriser les investissements intra-européens, se priver du marché unique du financement de notre économie et de la mobilisation de notre épargne pour des investissements chez nous en Europe. Ce message, et celui des entreprises qui ont défendu l'intérêt stratégique de la CSRD, a pesé. Résultat : la simplification présentée quelques semaines plus tard est moins drastique qu'elle ne fut envisagée. Depuis le mois d'avril 2025, je suis le négociateur pour mon groupe politique de la nouvelle version de ce texte et je travaille à une simplification intelligente avec les acteurs de terrain qui ont mis en œuvre la CSRD. En mai 2025, j'ai organisé un premier « Live LinkedIn » vu par plusieurs milliers de personnes, pour la plupart des professionnels qui mettent en œuvre ce texte et en connaissent donc les intérêts et les limites. Je leur ai posé douze questions et j'ai analysé, avec mes équipes, pendant le mois de juin plusieurs centaines de réponses pour savoir, par exemple, comment simplifier et réduire les coûts de l'audit des données sans perdre en qualité. Autant de sujets très précis, très techniques, qui font que, sur le terrain, cette loi importante du Pacte vert offre des solutions ou, au contraire, crée des frustrations.

Il est frappant que ce travail n'ait pas du tout été mené par la Commission européenne, en rupture complète avec les processus qu'elle est censée suivre. Aucune consultation, aucune étude d'impact n'a précédé la « simplification » du texte ! Ce précédent est dangereux car la simplification ne peut être basée sur les faits… si personne ne les collecte. Ne reste alors que des débats idéologiques, qui se résument souvent à des propos caricaturaux. C'est d'ailleurs pour cela que le médiateur européen, gardien du respect des procédures, a ouvert au printemps 2025 une enquête contre ce manquement de la Commission européenne.

Neutralité climatique et compétitivité

Au-delà de la simplification des règles se pose la question fondamentale de l'articulation de la direction du Pacte vert, et notamment de son grand objectif de neutralité climatique, avec la compétitivité de l'économie européenne. Revenons à la source de ce qui constitue à mes yeux le meilleur argument montrant la convergence entre les enjeux de compétitivité et la décarbonation. Les pays de l'Union européenne dépensent en moyenne chaque année 450 milliards d'euros pour acheter du pétrole et du gaz. Pendant le même temps, les États-Unis exportaient pour 150 milliards de dollars de pétrole et de gaz. Autrement dit, sur une seule année, c'est un écart de 600 milliards d'euros, qui rentrent ou sortent, entre nos deux économies ! 600 milliards d'euros, c'est l'équivalent du plan de relance européen historique adopté au moment du covid. Sauf que cela se reproduit chaque année. C'est l'équivalent d'un plan de relance historique… par an ! Cela s'apparente à mes yeux à une forme de « saignée » de l'économie européenne. Nous avons donc tout intérêt à décarboner nos processus de production pour remplacer les énergies fossiles par de l'électricité. Lorsque Donald Trump a comme slogan de campagne « *Drill, baby, drill* » (« Fore, bébé, fore ») pour signifier son soutien au pétrole et au gaz de schiste, Emmanuel Macron a raison de dire que notre réponse européenne doit être « *Plug, baby, plug* » (« Branche, bébé, branche »). Car le remplacement des molécules fossiles que l'on importe par des électrons que l'on produit est au cœur de notre capacité à garder l'argent à la maison, et donc à créer de la valeur et des emplois chez nous.

C'est d'ailleurs cette philosophie qui se décline dans le « Pacte pour une industrie propre » présenté par les deux vice-présidents exécutifs de la Commission, le Français Stéphane Séjourné et l'Espagnole Teresa Ribera, en février 2025. Ce paquet de mesures nouvelles va nous permettre d'accélérer la décarbonation de notre industrie* : par exemple, en créant des obligations d'achat d'acier vert et décarboné pour une partie des produits transformés de façon à garantir des débouchés aux investissements verts de notre industrie sidérurgique ; ou encore, en 2026, en renforçant les clauses de durabilité et de contenu « made in Europe » du Code européen des marchés publics. Quelques jours plus tard, toujours en février 2025, la Commission a présenté son plan de soutien à l'industrie automobile. Il comprend de nombreuses mesures qui vont permettre d'accélérer le passage à la mobilité zéro émission. Ainsi, alors que 60 % des ventes de voitures neuves sont le fait des flottes d'entreprises – et non des particuliers –, ces flottes sont très en retard dans leur électrification (13 % d'électrification contre 20 % pour les particuliers en 2024). Il est donc essentiel d'aller plus vite sur ce segment de marché. C'est pourquoi, depuis près de trois ans, je défendais l'idée d'un texte européen spécifique exigeant des flottes d'entreprises, au-delà d'une certaine taille, d'aller beaucoup plus vite dans la décarbonation. Cet engagement a été pris officiellement dans le cadre du plan Auto et deviendra effectif à la fin de l'année 2025. Tout cela conforte notre stratégie de décarbonation et d'électrification car une voiture électrique est justement le canal par lequel nous remplaçons l'énergie

* Pascal Canfin, « Une journée clé pour l'action climatique et la souveraineté industrielle européenne », février 2025 (disponible à l'adresse : https://www.linkedin.com/pulse/une-journ%C3%A9e-cl%C3%A9-pour-laction-climatique-et-la-pascal-canfin-w1yke/).

fossile importée (l'essence ou le gazole) par des électrons que nous produisons en Europe.

Ma conviction est claire : notre politique climatique doit être une politique industrielle ; et notre politique industrielle doit être une politique climatique. Si nous ne parvenons pas à renforcer ce cercle vertueux, nous échouerons sur les deux tableaux. Car il n'y aura pas de soutien dans l'opinion aux politiques climatiques si celles-ci reviennent à désindustrialiser l'Europe. Et, inversement, il n'y aura pas de politiques industrielles efficaces dans la durée si nous ne gardons pas le cap clair de la neutralité climatique en 2050, stabilité qui permet la prévisibilité et donc la réalisation des investissements.

CHAPITRE 8

L'impossible transition agricole ?

Nous sommes le 26 mars 2024. Les tracteurs des syndicats agricoles occupent les rues du quartier européen de Bruxelles. La mobilisation dans toute l'Europe est forte. En France, mais aussi en Allemagne, en Belgique, en Pologne… Les revendications sont multiples : en Allemagne, elles ciblent la façon dont le ministre vert de l'Agriculture a mis en œuvre la politique agricole commune. En Pologne, la colère s'exprime contre les importations de poulets en provenance d'Ukraine qui auparavant étaient exportés au Moyen-Orient, et qui viennent maintenant sur le marché européen. En France, elle vise l'absence de prix justes pratiqués par la grande distribution, les accords commerciaux comme le Mercosur et les normes environnementales du Pacte vert.

Face à cette mobilisation d'ampleur, la Commission européenne propose notamment de revenir sur le verdissement de la Politique agricole commune. En cinq semaines, le Conseil et le Parlement européens votent, sans aucune analyse objectivant l'impact de ces décisions, la quasi-suppression des règles qui avaient été négociées en cinq années pour introduire dans la PAC davantage de conditionnalités vertes. Conditionnalités qui avaient été jugées largement insuffisantes par les ONG environnementales lors de l'adoption de la dernière PAC en 2021, et dont la présence n'avait pas empêché tous les groupes politiques de droite et d'extrême droite de voter cette réforme, ni les syndicats agricoles de se féliciter de son adoption…

Tirer les leçons de ce qui est incontestablement un échec collectif devient essentiel pour imaginer un autre chemin qui rende possible une transition agricole à grande échelle.

En finir avec la polarisation politique

La première leçon, valable pour l'ensemble des secteurs économiques, est que la polarisation politique rend impossibles les compromis nécessaires pour définir les voies de passage de la transition. Au lieu de favoriser les convergences, la polarisation fait prévaloir les divergences. Au lieu de partir d'une analyse objective fondée sur les faits, la polarisation fait prévaloir les idéologies. Et cela vaut pour les forces politiques qui polarisent pour surtout ne rien changer, mais aussi pour celles qui nient la complexité de la transition.

Pour ne retenir qu'un seul exemple de polarisation venue de la galaxie écologique, je prendrai celui des célèbres « bassines ». L'accès à l'eau est devenu, et deviendra chaque année, un peu plus stratégique pour les agriculteurs à cause de l'impact du changement climatique. Il faut dans ce contexte éviter deux écueils : le premier est celui de la fuite en avant. Elle amènerait les agriculteurs à tenter de sécuriser l'accès à l'eau *via* des superbassines tout en poursuivant un modèle productif incompatible avec le stress hydrique à venir. Le second écueil est de ne pas sécuriser l'accès à l'eau pour les agriculteurs qui modifient leurs pratiques et se mettent en risque, par exemple sur leur rendement, en changeant de variétés végétales ou bien en passant à l'agriculture de conservation pour améliorer la rétention d'eau dans leurs sols. Dès lors, la voie de la transition est de conditionner la sécurisation de l'accès à la ressource, comme le permettent par exemple les superbassines, à des engagements concrets, mesurables, de changements de pratiques qui permettent ensuite d'économiser l'eau (par exemple, planter des variétés plus économes en eau). Ce chemin est d'ailleurs le seul pertinent pour les bassines elles-mêmes car, sans changement de pratiques ou de système cultural associé, elles seront de toute façon largement insuffisantes dans un contexte de raréfaction durable de la ressource.

Cette analyse m'a conduit la veille de la manifestation de Sainte-Soline, en mars 2023, à publier une tribune avec mon collègue député européen de l'époque Jérémy Decerle, ancien président des Jeunes Agriculteurs, pour défendre l'approche adoptée par la Coopérative de l'eau et la Coordination pour la défense du Marais poitevin dans les Deux-Sèvres. Ce qui a été attaqué, parfois violemment, par les manifestants écologiques est justement un compromis qui donne davantage de sécurité aux agriculteurs en échange d'un changement de pratiques contractualisées et mesurables, y compris avec des ONG environnementales locales qui ont été parties prenantes depuis le début de ce dossier, comme la Coordination pour la défense du Marais poitevin.

Du « trumpisme européen »

Depuis deux ans, la polarisation politique vient largement de l'extrême droite et d'une partie de la droite européenne nourrissant et se nourrissant de la polarisation à l'œuvre au sein des syndicats agricoles. À l'hiver 2024-2025 en France, les épisodes de pression sur des agences comme l'Agence Bio et l'Office français de la biodiversité sont révélateurs d'une tentation de clivage permanent. Le secteur du bio représente 10,4 % de notre surface agricole et rassemble 14,4 % des agriculteurs français. L'attaque a pris de l'ampleur en janvier 2025, lorsque le Sénat a adopté un amendement visant à supprimer l'Agence Bio. Cette décision a été prise sans consultation préalable des organisations professionnelles agricoles, ce que la FNSEA et les Jeunes Agriculteurs ont dénoncé comme étant « incompréhensible » et « regrettable en termes de méthode ». Alors que l'Agence Bio est justement un outil fédérateur qui réunit agriculteurs, distributeurs, collectivités territoriales, organisations de la restauration collective, elle s'est retrouvée prise comme cible d'une démarche totalement politicienne.

Au niveau européen, j'ai vécu le point de bascule passant de la recherche de compromis à la stratégie de polarisation avec la négociation de la loi sur la restauration de la nature. Cette loi européenne est présentée par la Commission en juin 2022. Elle traduit en droit européen l'engagement de restaurer 20 % des terres et des mers (soit 30 % des espaces terrestres et marins dégradés) d'ici à 2030 pris par l'ensemble des États membres lors de l'accord international sur la biodiversité trouvé à Montréal en 2022. Dès sa sortie, le texte a commencé à faire l'objet d'une grande vague de désinformation.

En commission de l'Environnement, j'entendais de la part des députés d'extrême droite des contre-vérités, en particulier l'attaque récurrente sur la sécurité alimentaire des Européens, prétendument mise en danger par l'obligation de « geler » 10 % de notre surface agricole... obligation qui n'a jamais existé dans ce texte ! Mais les choses ont changé de nature lorsque ces contre-vérités ont été reprises par des députés de la droite traditionnelle. Alors que les négociations au Parlement européen avaient commencé dans un climat serein, elles se sont envenimées quand il est apparu clairement que la stratégie du Bavarois Manfred Weber, le leader du groupe de droite au Parlement européen, le PPE, était non plus de négocier le contenu de ce texte, mais de le faire tomber, purement et simplement.

Lors des votes en commission de l'Environnement, je savais qu'un certain nombre de parlementaires européens du PPE n'étaient pas d'accord avec cette stratégie et, s'ils pouvaient être en désaccord avec telle ou telle mesure de la future loi, ne voulaient aucunement renoncer à traduire en droit européen l'engagement pris à l'échelle mondiale, ni à mieux protéger la nature. Le 13 juin 2023, quelques jours avant le vote que je présidais, j'apprends que ces députés, qui auraient donné une majorité de soutien au texte, étaient interdits de participer au vote par la direction du groupe PPE et remplacés par des collègues favorables à la ligne de Manfred Weber. Le jour du vote, quatre votants du PPE n'avaient jamais mis les pieds dans la commission de l'Environnement, dont ils n'étaient même pas membres, soit près de 20 % des effectifs de ce groupe en commission de l'Environnement ! Cette pratique est légale, car un député est membre du Parlement et peut voter à la demande de son groupe dans toutes les commissions en cas d'absence de ses collègues. Mais je n'avais jamais vu l'organisation d'une telle stratégie visant tout simplement à faire taire une partie de son groupe politique. J'ai échangé avec les députés en question. Ils m'ont avoué au téléphone avoir reçu des menaces indiquant clairement que, s'ils venaient voter ce jour-là, ils ne pourraient plus être candidats pour être députés lors du prochain mandat.

Couplée à des arguments factuellement faux, cette pratique m'a conduit à dire qu'il s'agissait d'un « trumpisme européen* ». Nous étions en 2023. Le retour de Donald Trump à la Maison Blanche n'était pas une perspective crédible. Mais c'est le moment où j'ai vu, pour la première fois, l'importation en Europe de la désinformation massive et de pratiques politiques contraires au fonctionnement normal de la démocratie. Résultat, le vote dans la commission de l'Environnement se termine par une égalité parfaite : 44 voix contre 44 voix !

Deux semaines plus tard, le 12 juillet 2023, nous passons au vote en assemblée plénière. Pour la première fois depuis le début de ce mandat parlementaire, le PPE a pour ligne officielle de soutenir un amendement rejetant l'entièreté d'un texte du Pacte vert. À l'entrée de l'hémicycle, la tension est à son comble. En plénière, la direction du PPE ne peut pas empêcher un député de voter en le remplaçant par un autre. Le stratagème qui avait bloqué la majorité en faveur de ce texte en commission de l'Environnement ne peut donc pas fonctionner. Je parie là-dessus, et sur le courage politique de

---

* Pascal Canfin à propos de la loi sur la restauration de la nature : « Pour la droite européenne, il n'y a pas de coût politique à s'afficher naturosceptique », interview, *Libération*, 21 juin 2023.

quelques dizaines de députés du PPE qui, malgré la pression maximale de leur groupe, resteront attachés à leurs convictions et à leur volonté de ne pas tout rejeter par principe. Et ce pari est gagnant. L'amendement de rejet est… rejeté par 324 voix contre 293, le 12 juillet 2023. Le texte peut donc continuer son parcours de négociation jusqu'à son adoption finale en juin 2024.

L'Europe s'est donc finalement dotée, pour la première fois, d'une loi qui ne vise pas simplement à protéger la nature dans des zones définies comme les parcs naturels, mais à mettre en place une gouvernance pour restaurer la biodiversité, *via* des objectifs et des mesures de restauration des écosystèmes là où ils sont dégradés. C'est une avancée notable car elle marque une rupture de principe. Il ne s'agit plus seulement de protéger la nature dans certains endroits et de la détruire ailleurs. Mais de faire en sorte que les espaces dégradés puissent retrouver leur équilibre.

Cette logique, plus ambitieuse, met le doigt sur tous les conflits d'usage potentiels d'un même espace. Faut-il urbaniser les terres agricoles pour créer de nouveaux logements ou les sanctuariser pour produire notre alimentation ? Faut-il continuer à assécher des zones humides pour les rendre constructibles ou les conserver en l'état car ce sont des espaces uniques de stockage du carbone et des excès d'eau en cas de pluies exceptionnelles, qui se multiplient avec le dérèglement climatique ? Ces enjeux sont, par construction, complexes et se prêtent mal à la logique polarisante du tout ou rien. Ils exigent au contraire une planification nationale et des négociations locales. C'est précisément ce que la loi européenne oblige les États membres à faire pour sortir d'une forme de déni ou de fait accompli dans lequel, à la fin, la nature perd toujours. Nous saurons d'ici le 1er septembre 2026, date de la remise des premières copies par les États, si la loi sur la restauration de la nature a commencé, ou non, à créer un changement de culture sur ces sujets.

Reste que l'épisode a laissé des traces. Car ce sont bien les syndicats agricoles qui ont été les acteurs les plus en pointe contre cette loi. N'hésitant pas, pour certains d'entre eux, comme la Copa-Cogeca, l'association européenne qui rassemble les principaux syndicats agricoles de chacun des 27 pays membres, à véhiculer des choses totalement fausses, notamment sur le gel des terres agricoles et les risques pour la sécurité alimentaire des Européens. Un positionnement radical que d'autres groupes de pression ne partageaient pas. Ainsi, l'association qui représente les chasseurs à Bruxelles s'est prononcée en faveur du texte. Car pas de chasse sans écosystèmes naturels disséminés comme les bosquets, les zones humides ou les haies. Les grandes entreprises de l'agroalimentaire (Danone, Unilever, etc.) étaient également en faveur de ce texte car elles ont parfaitement conscience que protéger davantage la nature, c'est une assurance contre les impacts du changement climatique et pour les rendements agricoles futurs des produits qu'elles utilisent*. Des agriculteurs contre, des chasseurs et l'industrie agroalimentaire pour, cela aurait justement dû aider à faire converger les points de vue à droite ! Il n'en a rien été.

---

* « Plus de 100 entreprises en Europe plaident en faveur de la nouvelle loi européenne de restauration de la nature », WWF, 12 juin 2023 (disponible à l'adresse : https://www.wwf.fr/vous-informer/actualites/plus-de-100-entreprises-en-europe-plaident-en-faveur-de-la-nouvelle-loi-europeenne-de-restauration?utm_source=chatgpt.com).

L'échec de la loi sur les pesticides

Dans la foulée de la loi sur la restauration de la nature, nous avons négocié le renforcement de l'encadrement européen des pesticides avec, pour la première fois à l'échelle européenne, un objectif légalement contraignant : réduire de 50 % l'usage et le risque des pesticides par rapport à la période 2015-2017. Là encore, j'ai vécu un exemple de polarisation. On oublie souvent une donnée essentielle : l'utilisation des pesticides baisse en moyenne en Europe. Les pesticides les plus dangereux (appelés CMR) ont baissé de 95 % en France depuis 2018. Certaines molécules sont interdites, des nouveaux produits sont mis sur le marché, des alternatives se développent... Cette réalité est largement niée par une approche polarisante venant de la gauche.

Cependant, cette tendance à la baisse n'est pas à l'œuvre partout (ce qui crée des inégalités entre agriculteurs), peut se retourner, puisqu'elle n'est encadrée par aucun objectif légalement contraignant, et prête à débat dans la mesure où certaines substances chimiques dangereuses sont remplacées par d'autres substances chimiques... juste un peu moins dangereuses. Il faut par ailleurs accélérer le développement des alternatives comme les solutions de biocontrôle qui font appel à des moyens naturels et non chimiques pour protéger les plantes des prédateurs et des adventices. Il est donc nécessaire de renforcer le cadre juridique pour que les tendances actuelles s'inscrivent dans la durée, répondant ainsi à une attente forte de nos sociétés et à des inquiétudes croissantes en matière de santé publique, au premier rang desquelles celle des agriculteurs eux-mêmes. Et c'est cette partie de la réalité qui s'est retrouvée niée par l'approche polarisante venant de la droite. Résultat, au lieu de chercher des compromis sur ce texte, le PPE et l'extrême droite ont travaillé au contraire à le vider de son contenu.

Le jour du vote en plénière du Parlement européen, il a fait l'objet d'un véritable jeu de massacre : suppression des objectifs de réduction des pesticides pour 2030, retour en arrière sur la protection des zones sensibles où les enjeux de santé ou de qualité de l'eau sont censés primer, suppression de l'obligation de considérer d'abord les mesures non chimiques avant l'utilisation des pesticides, etc. Au lieu d'être un progrès, ce texte devenait… un recul par rapport au cadre existant ! Les amendements votés dépassent les lignes rouges que je m'étais fixées. Avant le vote final, plusieurs groupes politiques demandent une interruption de séance pour définir leur position. Puisque le texte tel qu'amendé est une régression par rapport au droit actuel, il ne m'est pas possible de voter en sa faveur ni même de m'abstenir. Je préconise donc dans le groupe Renew Europe de voter contre. Les socialistes et les Verts font de même. La majorité des députés de ces trois groupes politiques suivront ces consignes. Les députés d'extrême droite, eux, ne veulent toujours pas de ce texte malgré les attaques en règle qu'il a subies car ils s'y opposent par principe, quel que soit son contenu. L'addition des rejets venant de la gauche, du centre et de l'extrême droite aboutit à un vote final négatif. La loi européenne sur les pesticides est rejetée par 299 voix contre 207, avec 121 abstentions.

Nous votons dans les secondes qui suivent, comme le veut la procédure, le « renvoi en commission ». Traduction : lorsqu'un texte de loi est voté par la plénière du Parlement, il repart ensuite dans la commission spécialisée en charge du dossier pour continuer son parcours législatif et notamment le trilogue avec le Conseil*. Il s'agit normalement d'une simple formalité. Dans ce contexte, cependant, le vote prend une tout autre dimension. Car les députés des groupes centriste, socialiste et écologiste qui ont voté contre la version du texte vidée de son contenu votent bien sûr pour le retour en commission de façon à reprendre les travaux et à essayer de trouver de nouveaux compromis. Bref, remettre l'ouvrage sur le métier. Mais, coup de théâtre, les députés de droite et d'extrême droite saisissent l'occasion de se débarrasser définitivement de ce texte. Ils votent donc contre le retour en commission de l'Environnement et l'emportent par une majorité de voix. Dans ce cas, extrêmement inhabituel, la procédure est formelle : le texte de loi cesse d'être sur la table du Parlement européen, et il est donc nul et non avenu. De tous les textes du Pacte vert, la loi sur les pesticides est la seule qui ait vécu cette fin prématurée. Cela en dit long sur les difficultés politiques à faire avancer la transition agricole à grande échelle.

Depuis ces épisodes, la stratégie de la tension et de la polarisation continue de prospérer. En France, le Salon de l'agriculture 2024 a été marqué par une violence inédite. À titre personnel, je n'ai pu m'y rendre, contrairement aux éditions précédentes, car mon portrait était affiché avec l'expression « Wanted ! », en raison de ma responsabilité dans le Pacte vert, accusé de tous les maux. En 2021, lors du vote de la politique agricole commune, les ONG environnementales avaient parlé de « trahison » car elles estimaient que je soutenais une PAC trop peu réformée. Trois ans plus tard, le verdissement était démantelé car jugé trop radical… et je me retrouvais au banc des accusés par certaines organisations

* Voir annexe « Qui décide quoi en Europe ? », p. 263.

agricoles, au premier rang desquelles la Coordination rurale (CR), proche de l'extrême droite.

Quelques heures avant le début du Salon, je prends le pouls avec les responsables des chambres d'agriculture. Ils me déconseillent de venir car ils ne peuvent pas assurer ma sécurité. Début 2025, en France, les élections des chambres d'agriculture se sont conclues par une montée du vote pour la CR qui a raflé près de 30 % des voix contre 20 % six années plus tôt. Résultat qui pose nécessairement la question traditionnelle à la FNSEA : faut-il continuer à se radicaliser soi-même pour ne pas laisser d'espace à la CR ou, au contraire, assumer des différences, par exemple en négociant la transition agricole lorsque la CR s'y oppose par principe ? Débat que les dernières élections des chambres d'agriculture ne font qu'ouvrir…

Le combat de la transition agricole à grande échelle est-il donc perdu ? C'est possible. Mais je ne m'y résous pas, car nous sommes loin d'avoir tout essayé. Je continue donc de travailler pour trouver les chemins de la dépolarisation permettant de construire les compromis nécessaires. Au niveau européen, après l'échec du texte sur la réduction des pesticides, la présidente de la Commission européenne a initié un « dialogue stratégique » sur l'avenir de l'agriculture, mettant dans la même salle pendant plusieurs mois des responsables syndicaux agricoles, des ONG environnementales, des scientifiques et des entreprises de l'agroalimentaire. Contre toute attente, il en est sorti en septembre 2024 une analyse partagée et un début de chemin pour sortir de la polarisation*. Depuis, je constate qu'au Parlement européen l'extrême

* Commission européenne, « Dialogue stratégique sur l'avenir de l'agriculture : la Commission présente une analyse partagée et un chemin pour sortir de la polarisation », 4 septembre 2024.

droite, et malheureusement une partie de la droite, cherche à tout prix à affaiblir cet espoir de compromis et jette en permanence de l'huile sur le feu.

Construire un consensus politique

Pour repartir dans la bonne direction, il est tout d'abord nécessaire de continuer à travailler les éléments factuels qui peuvent servir de base à un futur consensus politique. Prenons l'exemple de l'impact du changement climatique sur les rendements agricoles. Les enquêtes faites auprès du monde agricole aboutissent à la conclusion que, au dire des agriculteurs eux-mêmes, les événements climatiques sont les premières menaces sur leur rendement, donc sur leur revenu*. En France, les rendements de blé par exemple baissent depuis 1997 en Occitanie et depuis 2000 dans les plaines de la Beauce. Or, si les rendements baissent, impossible de « produire plus », bien au contraire**. Partir de la question de l'adaptation et de la recherche d'une plus grande protection me semble fondamental pour aligner les intérêts et les visions autour de la transition agricole. À condition d'appliquer un principe d'addition des solutions pour ne pas entrer dans une nouvelle guerre de tranchée.

Je défends à la fois les solutions d'adaptation fondées sur la nature, comme la protection, voire la reconstitution, de zones

---

* Ipsos, « Le changement climatique : un défi clé pour 76 % des agriculteurs », février 2025 (disponible à l'adresse : https://www.ipsos.com/fr-fr/le-changement-climatique-un-defi-cle-pour-76-des-agriculteurs).

** Les analyses de Pierre-Marie Aubert dans *Vers un nouveau modèle agricole. Quelle transition pour la France et l'Europe ?* (Odile Jacob, 2025) sont particulièrement éclairantes pour détailler ce constat factuel.

humides là où c'est nécessaire pour absorber les eaux en cas d'événements climatiques extrêmes ; les solutions fondées sur des technologies existantes, comme les bassines, sous certaines conditions, ou l'agriculture de conservation ; et les solutions offertes par les nouvelles techniques génomiques qui permettent d'accélérer le déploiement de semences par exemple plus résistantes au stress hydrique. Comme en matière énergétique ou industrielle, l'addition des solutions est un principe politique clé de mon action, et, je le pense, de notre capacité à résoudre les défis auxquels nous sommes confrontés.

Une deuxième dimension de la méthode est de ne pas laisser les agriculteurs seuls face à ces risques et à ces transitions et d'adopter une approche élargie à l'ensemble de la chaîne de production et de transformation de notre alimentation. Aujourd'hui, les « normes » environnementales concernent uniquement les agriculteurs, par exemple en matière de bien-être animal ou de réduction des pesticides. Or, la plupart du temps, les agriculteurs sont le maillon le plus faible sur le plan économique de la chaîne de valeur agroalimentaire. Un agriculteur est plus fragile que sa coopérative, elle-même souvent moins forte qu'un grand groupe comme Nestlé ou Danone, lui-même parfois en difficulté face à la grande distribution et aux groupements d'achat qui tirent les prix vers le bas. Pourtant, c'est l'agriculteur que l'on va obliger à produire dans le respect de telle ou telle règle, et non l'industriel.

Prenons quelques exemples.

Les règles concernant la présence des haies sur l'exploitation, si elles ont des bénéfices évidents pour la biodiversité et la productivité des exploitations, ont aussi un coût pour l'agriculteur, et il n'est pas transférable vers ses clients. De même, la viande produite en Europe provient d'exploitations qui ont l'obligation d'avoir un permis environnemental pour exercer, obligation qui ne s'applique absolument pas aux exploitations agricoles exportant chez nous ! Pour mettre fin à ces contradictions, je défends une approche nouvelle faisant porter la règle de droit sur l'ensemble des acteurs qui produisent, transforment et vendent notre alimentation. Sinon, un agriculteur qui aura fait un effort pour respecter tel ou tel objectif ne se verra pas récompenser quand il s'agira de négocier le prix de vente de sa production. Car la réaction de l'acheteur industriel sera de dire que lui n'est pas concerné par cette contrainte et qu'il n'a donc pas à en payer le prix. Il nous faut profondément changer de méthode pour que la valeur financière du changement puisse se retrouver dans les cours de ferme.

Un troisième élément décisif est de garantir aux agriculteurs l'équité des règles vis-à-vis du commerce international. Comme nous y invite l'ancienne présidente de la FNSEA, Christiane Lambert : « N'importons pas l'agriculture dont nous ne voulons pas chez nous. » C'est pour cela que depuis 2019 je me bats au Parlement européen, en lien avec le gouvernement français, afin d'instaurer les « clauses miroirs » et un renforcement de nos contrôles sur leur mise en œuvre. Et nous avons remporté des victoires importantes. Je n'en mentionne ici que quelques-unes.

En 2023, l'Europe s'est dotée d'une clause miroir sur les antibiotiques activateurs de croissance, interdits en Europe depuis 2018 en raison des risques sanitaires, mais autorisés au Brésil, premier exportateur mondial de viande rouge. Cela veut dire concrètement qu'à partir de 2026 il sera interdit de faire entrer en Europe de la viande issue de vaches ayant reçu des injections de ces produits. Autre exemple : en mars 2025, le nouveau commissaire en charge de l'Agriculture s'est engagé officiellement à généraliser une pratique déjà en place pour les néonicotinoïdes : si un pesticide est interdit en Europe, il ne doit pas être autorisé dans nos importations*. Et en parallèle la Commission renforce, enfin, ses contrôles dans les pays hors d'Europe.

Le cas du Brésil est emblématique. Cela fait des décennies que nous avons, sur le papier, interdit l'importation de vaches aux hormones. Mais la Commission européenne, dont c'est la responsabilité, n'avait jamais procédé à des contrôles sur place à ce sujet. En 2024, des équipes ont, enfin, passé plusieurs semaines au Brésil... et ont conclu que le système brésilien de traçabilité était incapable de garantir que des vaches ayant été élevées avec des hormones de croissance ne finissaient pas dans les assiettes des consommateurs européens. Ce qui est à la fois dangereux pour notre santé, car il est prouvé que les hormones de croissance augmentent les risques de cancer, et inéquitable pour nos agriculteurs, car ces hormones permettent de faire croître la viande plus vite et donc de vendre la vache plus rapidement, ce qui baisse le coût de production et donc le prix de vente sur le marché**. Résultat : le Brésil a de lui-même suspendu en octobre 2024 l'exportation vers l'Europe de toutes ses vaches de façon à mettre en place un vrai système de traçabilité, à même de garantir le respect du droit européen. Cela démontre que les clauses miroirs associées à des contrôles sur place, ça marche ! Ce qui est encore l'exception doit devenir la règle, et c'est l'un des aspects clés de mon action au Parlement européen

* Commission européenne, « La Commission européenne présente sa vision pour l'agriculture et l'alimentation », 19 février 2025 (disponible à l'adresse : https://ec.europa.eu/commission/presscorner/detail/fr/ip_25_530).

** Pascal Canfin, « Incapable de garantir l'absence d'hormones interdites en Europe, le Brésil suspend une partie de ses exportations de viande bovine », 12 novembre 2024 (disponible à l'adresse : https://www.linkedin.com/pulse/incapable-de-garantir-labsence-dhormones-interdites-en-pascal-canfin-llpre/).

car cela nécessite une pression permanente, souvent invisible, mais qui finit par porter ses fruits.

Accompagner l'agriculteur dans ses prises de risque

Une quatrième condition du succès de la transition agricole est le fait de « dérisquer » les initiatives de l'agriculteur qui s'engage sur de nouvelles pratiques. Les aides au passage en agriculture biologique sont un outil qui a fait ses preuves. Ce n'est pas pour rien que la part des surfaces bio dans la surface agricole européenne est passée de 6 % en 2015 à 10,5 % en 2022. Si l'agriculture bio a reçu un choc important avec l'inflation de 2022 et 2023, qui a amené les consommateurs à se reporter vers des produits moins chers, elle relève le nez depuis peu. Dans tous les cas, il est admis que le système mis en place pour partager les risques du passage en bio fonctionne. Pendant les trois premières années de sa conversion, l'agriculteur voit ses rendements baisser car il supprime l'usage des produits chimiques. Le temps de mettre en place les pratiques alternatives, ses cultures sont plus vulnérables, et ses revenus diminuent d'autant plus qu'il ne peut pas vendre avec une prime bio car sa production n'est labellisée qu'au bout de trois ans. Sans partage du risque par de l'argent public, aucun agriculteur n'oserait se lancer dans l'aventure !

Pourquoi ne pas reproduire ce qui marche pour le bio sur d'autres enjeux ? Un agriculteur qui diversifie davantage sa production en intégrant dans sa rotation des cultures fixatrices d'azote comme les légumineuses va, au bout de quelques années, avoir moins besoin d'intrants chimiques car ses sols seront de meilleure qualité. Ses cultures seront plus résistantes face aux « mauvaises herbes » qui gênent leur croissance et requièrent autrement l'utilisation des herbicides. Mais, pendant quelques années, il se met en risque. Or, aujourd'hui, rien n'est prévu spécifiquement pour partager ce risque. *Idem* pour l'agriculteur qui passe des pesticides chimiques au biocontrôle. Ces techniques sont basées sur des solutions naturelles, par exemple en utilisant des repoussants olfactifs qui désorientent et éloignent les ravageurs (on les utilise notamment pour la culture des betteraves en remplacement des néonicotinoïdes interdits) ou bien en insérant dans l'écosystème des coccinelles spécifiques qui chassent les pucerons. C'est une voie très prometteuse mais, comme ce sont des produits nouveaux, un agriculteur peut préférer ne pas prendre le risque du changement par rapport à l'usage d'un produit chimique qu'il connaît. Là encore, il ne faut pas le laisser seul face à ce risque, et nous devrions lui offrir une forme de garantie si jamais le produit nouveau qu'il utilise ne fonctionne pas aussi bien que prévu. Les exemples potentiels de « dérisking » sont nombreux, et nos politiques publiques, françaises comme européennes avec la politique agricole commune, devraient, à mes yeux, être beaucoup plus centrées sur cette approche qu'elles ne le sont aujourd'hui. C'est un usage plus efficace et plus vertueux de l'argent public que le système actuel. Car le risque ne se réalise pas toujours, ce qui permet d'économiser l'argent du contribuable et d'ajuster de manière précise le niveau d'intervention au risque pris, et d'optimiser ainsi l'accompagnement de l'agriculteur.

Une alimentation saine a un coût

Enfin, le débat politique sur la transition agricole doit assumer un principe simple : une bonne alimentation, saine pour les humains comme pour la nature, a un coût. Combien de fois les responsables politiques défendent nos agriculteurs le lundi, puis demandent le mardi des prix encore plus bas pour « rendre du pouvoir d'achat ». Ne tournons pas autour du pot : oui, produire une tomate bio coûte plus cher ; oui, élever des bœufs en polyculture-élevage coûte plus cher qu'importer de la viande aux hormones du Brésil. Mais il faut savoir ce que l'on veut. La part consacrée à l'alimentation dans les dépenses des ménages n'a cessé de baisser. Elle est passée de 38 % du budget des ménages en 1960 à 20 % en 2023 alors que le volume de consommation a été, lui, multiplié par trois entre ces deux dates ! Cela montre l'extraordinaire augmentation de la productivité agricole depuis les années 1960 grâce au machinisme (moissonneuses, etc.) et à l'introduction massive de la chimie dans l'agriculture à partir des années 1980.

Assumer le fait que la qualité a un coût ne veut pas dire qu'il ne faut pas prendre toutes les mesures nécessaires pour diminuer ce surcoût autant que possible. D'une part, en réduisant les risques pris grâce à des négociations collectives entre les producteurs, les transformateurs, les distributeurs et les organisations de consommateurs. L'exemple de l'initiative « C'est qui le patron ? », dont le prix de vente du lait est fixé d'un commun accord entre les consommateurs et les agricultures participants, montre qu'un tel modèle est tout à fait possible et rencontre le succès dans les rayons des supermarchés. D'autre part, en changeant progressivement la structure de notre consommation*.

Lorsqu'on met toutes ces dimensions ensemble, on obtient, j'en suis absolument convaincu, une voie de passage pour la transition écologique. Depuis 2019, je résume cela autour d'un « triangle d'or » :

- plus de revenus pour les agriculteurs qui en ont besoin permettant notamment d'assurer le renouvellement des générations ;
- plus de transition agroécologique et de résilience face au choc climatique ;
- plus de souveraineté et moins de dépendances à des modèles agricoles aux standards économiques, sociaux et environnementaux inférieurs aux nôtres.

Ce nouveau contrat social agricole et alimentaire n'a jamais été mis en œuvre. Il est urgent d'y travailler pour dépolariser le sujet au niveau politique et mettre fin à l'hémorragie du monde agricole qui a perdu 3 millions d'exploitations ces dix dernières années en Europe. En s'appuyant sur des négociations territoriales, par exemple pilotées par les régions, de façon à coller au plus près des compromis locaux nécessaires. Je continuerai de me battre depuis le Parlement européen pour que la réforme de la politique agricole commune, premier poste budgétaire de l'Union avec près de 400 milliards d'euros sur la période 2021-2027, et que nous remettons sur le métier à partir de 2025, aille dans cette direction.

* Voir chapitre 5, « Le Pacte vert menace-t-il notre pouvoir d'achat ? », p. 70.

CHAPITRE 9

Peut-on vraiment réussir la révolution de la route zéro émission ?

À quelques kilomètres de Dunkerque dans les Hauts-de-France, l'usine de Verkor est en train de sortir de terre. Sur 80 hectares s'étend un gigantesque bâtiment qui fait « dix-huit fois Notre-Dame de Paris », selon le directeur des infrastructures de Verkor. Cette usine n'est pas isolée en Europe. À Saragosse en Espagne, à Wroclaw en Pologne ou encore à côté de Berlin en Allemagne, ces *gigafactories* poussent et font advenir la filière européenne de fabrication de batteries électriques. Au début de la décennie 2010, la situation est claire : nous ne fabriquons aucune batterie sur le sol européen. 100 % sont achetées en Chine, au Japon ou en Corée du Sud. Tant que la vente de voitures électriques est marginale, cela reste au fond assez indifférent. Mais, avec le Pacte vert, la donne change du tout au tout.

Des voitures zéro émission CO_2 pour 2030

Aller vers la neutralité carbone implique de passer de la voiture essence ou diesel qui émet du CO_2 à d'autres technologies dites « zéro émission ». Les technologies aujourd'hui disponibles incluent les batteries électriques, l'hydrogène et les piles à combustible. Elles n'émettent pas de carbone au pot d'échappement. Elles en émettent bien sûr lors de leur fabrication ou de leur transport jusqu'à l'usine du constructeur automobile, mais l'exigence réglementaire ne porte que sur les émissions réalisées lorsque la voiture fonctionne. La loi européenne qui impose de vendre à compter de 2035 uniquement des voitures zéro émission de CO_2 est peut-être la plus célèbre, et l'une des plus controversées, de l'ensemble du Pacte vert. Elle fut d'ailleurs très vite détournée, dans le débat politique, pour être présentée comme une « interdiction du moteur thermique ». Certains s'en réjouissent, comme les ONG et les partis verts, d'autres le déplorent et y voient une atteinte à la liberté, comme les partis d'extrême droite, à commencer par l'AfD en Allemagne, relayée ensuite par le RN en France. Or cette loi… n'interdit pas le moteur thermique ! Elle stipule que toutes les voitures qui seront vendues en Europe, quel que soit l'endroit du monde où elles sont fabriquées, doivent être zéro émission de CO_2 en 2035. Elle fixe donc un niveau de performance carbone, non une interdiction technologique. Si demain un moteur thermique peut fonctionner avec un carburant qui n'émet pas de CO_2, il ne sera pas interdit. Cette précision peut sembler superflue.

Cependant, elle me semble essentielle pour montrer l'écart parfois important qui peut exister entre ce que nous votons et la façon dont la règle du jeu est comprise par les Européens.

Pourquoi en 2035 ? Ce fut l'une des questions importantes que nous avons eu à trancher. Les ONG comme certains pays européens, parmi lesquels les Pays-Bas, le Danemark, la Grèce ou encore l'Irlande, étaient favorables à un passage au 100 % zéro émission en 2030. D'autres, comme la France et l'Espagne, défendaient la date de 2040. À titre personnel, j'ai pris position, dès juin 2021, pour 2035. Lorsqu'une voiture est vendue en Europe, elle reste, en moyenne, douze années sur nos routes. Laisser de nouvelles ventes de voitures émettrices de CO_2 se réaliser jusqu'en 2040 signifie tout simplement que nous renonçons à notre objectif de neutralité climat en 2050 ! Inversement, aller plus vite que 2035 comportait un risque de précipitation rendant la transition encore plus difficile, notamment sur les plans social et industriel, et cela inutilement au regard de l'objectif final que nous nous sommes fixé. D'ailleurs, les pays européens en faveur d'une date plus rapprochée sont des pays… sans constructeur automobile, ce qui les rend sans doute moins sensibles aux enjeux industriels pour les entreprises concernées…

Le texte présenté par la Commission européenne, le 14 juillet 2021, retient la date de 2035 et organise une réduction progressive des émissions de CO_2 des voitures vendues en Europe. Celles-ci doivent, en moyenne et par constructeur, baisser de 15 % en 2025 (par rapport à 2021), puis de 55 % en 2030 pour atteindre 100 % de réduction en 2035.

Entre la présentation du texte par la Commission et son adoption par le Conseil et le Parlement en mars 2023, je négocie ce texte en étroite coopération avec le rapporteur néerlandais issu de mon groupe politique, Jan Huitema.

En tant que néerlandais, Jan est favorable à la date de 2030. Mais, avec d'autres, je le convaincs de ne pas s'écarter du point d'équilibre proposé par la Commission européenne. Dans tout le processus parlementaire, je voterai donc avec la droite contre les amendements qui veulent aller plus vite, et avec la gauche contre ceux qui veulent ralentir le passage au zéro émission.

Les constructeurs automobiles et le zéro émission en 2030

Et les constructeurs dans tout ça ? On imagine bien que dans cette négociation les prises de parole des constructeurs auto sont scrutées de près. Le premier à prendre position est Volvo, qui s'est engagé, dès mars 2021, à devenir un constructeur automobile entièrement électrique d'ici à 2030, et surtout Volkswagen, le premier constructeur européen, qui, en juin 2021, a exprimé son soutien au 100 % zéro émission en 2035. Leurs prises de position en faveur du texte envoient un signal très important : il n'y a pas d'un côté les défenseurs de l'environnement et de l'autre les défenseurs de l'industrie automobile, première industrie en termes d'emplois en Europe !

D'autres constructeurs seront plus réticents. Jusqu'au dernier moment Renault essaie d'obtenir un délai supplémentaire pour les voitures hybrides, qui roulent en partie à l'essence et en partie à l'électrique. Problème, une voiture hybride n'est pas neutre en carbone puisqu'elle fonctionne une partie de son temps sur du carburant classique, et comme elle possède deux moteurs elle n'est pas très économe en carburant. Il n'y avait donc aucune raison particulière de donner à cette technologie cinq ans de plus. Et le débat reviendra, à n'en pas douter, lorsque nous ferons en 2026 un point d'étape pour voir s'il faut ou non ajuster la règle que nous nous sommes fixée.

Le cas de Stellantis est également très intéressant. Stellantis est le deuxième constructeur européen et le quatrième mondial. Il regroupe quatorze marques bien connues de tous, Citroën, Peugeot, Fiat, Opel, etc. Son ancien patron, Carlos Tavares, a une parole marquante qui n'est pas toujours exempte de contradictions. Alors que les marques du groupe multiplient les communiqués de presse pour annoncer leur passage au 100 % électrique en 2030, soit cinq ans avec l'échéance légale que nous négocions, Carlos Tavares critique l'objectif de 2035 ! Pour avoir appris à mieux cerner le personnage, je dirais que la contradiction se résout lorsque l'on comprend que Carlos Tavares est avant tout un entrepreneur libertarien. Il est prêt à faire quelque chose, mais pas à se le faire imposer par la loi. Alors que nous approchions du jour du vote en plénière du Parlement européen à Strasbourg, nous étions dans l'incertitude sur la position que Stellantis prendrait au final. C'est le matin même du vote, le 8 juin 2022, qu'elle fut clarifiée. À 10 h 35, tous les députés français reçoivent un mail dans leur boîte aux lettres intitulé « CO_2 : vote aujourd'hui en plénière ». Stellantis déclare « soutenir l'objectif de réduction des émissions de CO_2 de 100 % à l'horizon 2035, comme proposé par la Commission* ». Conscient du caractère hautement sensible pour de nombreux

* Citation complète issue du mail : « Stellantis soutient l'objectif de réduction des émissions de CO_2 de 100 % à l'horizon 2035 comme proposé par la Commission pour autant que les conditions le permettant soient réunies : infrastructure de recharge

députés français et italiens de la position du fabricant des Peugeot, Citroën et Fiat, je m'assure qu'ils ont bien pris connaissance du soutien de Stellantis à la date de 2035. Nul ne saura combien de députés ont conforté ou changé leurs intentions de vote, mais je suis persuadé que ce message à quelques heures du vote a joué un rôle dans le résultat final.

Lorsque nous entrons dans l'hémicycle pour voter, mes équipes m'indiquent que, selon leur dernier décompte, le texte a une majorité de plus de 50 voix. Bien vu ! Il est soutenu quelques minutes plus tard par 339 députés contre 249, et 24 abstentions. Une des pièces essentielles du Pacte vert vient d'être votée par le Parlement européen. Et l'a été également par les États membres deux semaines plus tard. Nous pouvons donc entrer en trilogue, mais sur le cœur du texte, à savoir le passage au zéro émission en 2035, nous avons exactement la même position. Elle ne peut donc plus être remise en cause !

Soutenir, et l'offre, et la demande

Le passage en treize ans (2022-2035) aux ventes 100 % zéro émission est une transformation radicale de l'industrie automobile. Et elle ne peut réussir que si nous jouons sur tous les tableaux, sur le plan tant de l'offre industrielle que de la demande des consommateurs. En effet, qui va acheter une voiture électrique s'il n'y a pas de bornes pour la recharger sur l'ensemble du territoire ? C'est pourquoi la Commission

suffisante, disponibilité des matières premières, accompagnement à la transition sociale et industrielle, incitant à l'achat des véhicules propres. »

européenne a proposé le même jour que le texte sur le passage au zéro émission 2035 une loi obligeant les États à se doter de bornes de recharge ouvertes au public (donc en plus des bornes de recharge privées au domicile par exemple) tous les 60 kilomètres sur les principaux axes routiers. Beaucoup moins controversée que sa cousine, cette loi est adoptée sans difficulté en mars 2023. Depuis, l'installation de bornes de recharge a explosé en Europe. En mai 2023, le gouvernement français communique sur l'atteinte d'un premier objectif réussi : les 100 000 bornes de recharge. Dix-huit mois plus tard, en décembre 2024, on en compte 150 000. En mars 2025, trois mois plus tard, plus de 160 000 !

Cette dynamique est également à l'œuvre dans d'autres pays européens, dont les Pays-Bas, la Belgique ou encore l'Allemagne. À elle seule, la Belgique compte, fin 2024, près de 80 000 bornes ! L'angoisse de ne pas trouver de bornes pour se recharger a quasiment disparu. Mais ce n'est pas du tout le cas dans d'autres pays européens : on ne compte, fin 2024, que 50 000 bornes en Italie et… moins de 10 000 en Roumanie. Ce déséquilibre ne relève pas d'une difficulté particulière dans ces pays, car le modèle économique d'une borne de recharge est globalement le même partout en Europe. Mais d'une volonté politique moindre de rendre véritablement cette offre disponible.

Cette disparité entre les États européens est un élément décisif de la situation actuelle. On entend régulièrement que les ventes de voitures zéro émission ne sont pas au rendez-vous. Tout dépend des pays. La Norvège, qui n'est pas dans l'Union européenne, est à 96 % de ventes de véhicules électriques au printemps 2025 ! Le Danemark à plus de 66 %, les Pays-Bas à plus de 35 % et la Suède à plus de 30 % en 2024. En Belgique, après l'adoption d'une règle fiscale plus avantageuse pour les voitures électriques, leur vente a augmenté de 84 % sur la seule année 2024 ! Il est donc totalement faux, comme le disent régulièrement les partis politiques opposés au Pacte vert, que les consommateurs ne sont pas au rendez-vous. 17 % des voitures vendues en Europe sont électriques. Seules 10 % des ventes concernent des véhicules diesel. Le basculement technologique a eu lieu. Et quand les bonnes politiques publiques sont en place, l'objectif que nous nous sommes fixé pour 2025 est largement dépassé comme dans les pays du nord de l'Europe.

Nous devons donc lutter contre toute tentative de retour en arrière, et agir pour créer, partout en Europe, les conditions du succès. Si tous les pays européens, ou même une majorité d'entre eux seulement, avaient atteint le pourcentage de part de marché que l'on trouve aux Pays-Bas ou en Suède, le débat public se poserait très différemment ! L'enjeu ne réside donc pas dans la technologie elle-même, mais dans les politiques d'accompagnement de la demande. Si la Norvège atteint le taux historique de 96 % de ventes de voitures zéro émission, c'est notamment parce qu'il n'y a pas de TVA sur les voitures zéro émission, qu'elles peuvent rouler dans les couloirs de taxi et de bus et que le stationnement est gratuit. Sans nécessairement aller jusque-là, car tous les pays européens ne disposent pas des moyens financiers de la Norvège, la clé du succès passe par les bénéfices dont disposent les acheteurs de voitures zéro émission. Faut-il que le stationnement soit gratuit ? Que les règles de circulation soient différentes ? Que la fiscalité soit allégée, au-delà des bonus existants ?

Je me suis battu depuis trois ans au Parlement européen pour que les flottes de véhicules d'entreprise passent plus rapidement aux voitures zéro émission. On le sait peu, mais ces flottes représentent 50 % des ventes de voitures neuves en Europe ! Car, derrière l'image d'Épinal du couple qui vient acheter sa voiture neuve chez un concessionnaire, la réalité est que les Européens achètent surtout des voitures… d'occasion. En 2025, j'ai enfin été entendu, et le plan automobile de la Commission européenne, présenté par le vice-président français de la Commission, Stéphane Sejourné, prévoit bien des dispositions pour accélérer la conversion des flottes d'entreprise. Cela est d'autant plus bénéfique que ces voitures arrivent au bout de un à trois ans sur le marché de l'occasion et qu'elles vont donc booster l'accessibilité du véhicule zéro émission aux Européens qui n'ont pas les moyens financiers d'acquérir une voiture neuve.

Nous ne devons pas changer de cap, mais faire en sorte que ce qui marche en Norvège, aux Pays-Bas, en Suède et en Belgique fonctionne partout ailleurs en Europe ! Néanmoins, compte tenu des résultats inférieurs aux objectifs en moyenne, il n'est pas absurde de donner à court terme plus de souplesse aux constructeurs. Normalement, des amendes devaient s'appliquer sur ceux qui n'atteignaient pas les objectifs de réduction de CO_2 de leurs ventes, en relevant les compteurs au 31 décembre 2025. Nous avons voté au printemps 2025, avec le PPE et les sociaux-démocrates, le fait de passer à une moyenne sur 2025-2027. Concrètement, cela signifie que, si un constructeur est, en 2025, en retard sur les objectifs, il a deux ans pour compenser avec de meilleures performances en 2026 et 2027. Nous avons donc gardé le principe des amendes, tout en donnant aux constructeurs qui étaient en retard deux ans pour revenir dans les clous.

L'Europe, productrice des technologies vertes (batteries, électricité, hydrogène...)

L'Europe n'est pas seulement un marché. Nous voulons aussi qu'elle soit une puissance industrielle. C'est là l'un des enjeux majeurs du Pacte vert. Notre continent doit donc produire les batteries, l'électricité et l'hydrogène nécessaires à ces nouvelles technologies. La bonne nouvelle, c'est que c'est possible. Là où, au contraire, l'Europe ne produira jamais à grande échelle de pétrole et de gaz, elle peut, si elle s'organise, produire les technologies vertes sur son sol.

Commençons par les batteries.

En 2017 naît l'Alliance européenne des batteries. Son objectif est de faire émerger de toutes pièces une filière industrielle. L'alternative, on le sait, s'appelle la Chine. Et la bataille est rude. C'est pourquoi nous voulons mettre toutes les chances de notre côté. La Commission européenne publie en 2020 le règlement batteries qui vise à normer l'accès au marché européen. Ce règlement va très loin en proposant une nouvelle approche : à compter de 2028, les batteries qui ont la plus mauvaise empreinte carbone, c'est-à-dire celles qui émettent le plus de CO_2 lors de leur fabrication, se verront fermer la porte du marché européen. Puis, chaque année, le niveau d'exigence sera relevé. Et, fait nouveau, la mesure de l'empreinte carbone intègre le transport émis entre le lieu de fabrication de la batterie et le point de vente. Résultat : une batterie fabriquée en Europe partira avec un petit avantage sur son concurrent *made in China*... La règle du jeu est donc fixée, mais encore faut-il que les batteries soient réellement produites en Europe.

Pour accompagner le développement de la filière européenne de batteries, nous agissons sur trois fronts. Le premier est de soutenir les fabricants européens, comme Verkor et ACC en France. Le deuxième est d'accueillir les investissements non européens pour fabriquer des batteries sur notre sol. C'est le cas des Taïwanais à Dunkerque ou des Chinois. Le leader mondial de la batterie, le chinois CATL, construit plusieurs usines en Allemagne, en Hongrie, au Portugal, en Espagne, etc. Mais ces investissements peuvent être de deux ordres : soit une simple usine d'assemblage qui n'apporte que très peu de valeur ajoutée en Europe, soit une véritable usine de production avec transfert de savoir-faire technologique. La Commission s'apprête à prendre, fin 2025, des dispositions législatives pour obliger les producteurs non européens qui s'installeront en Europe à le faire sous la forme de co-investissement avec des entreprises européennes… exactement comme la Chine l'a imposé il y a plusieurs décennies aux industriels européens qui venaient produire là-bas.

Enfin, le troisième front est de désinciter, par des politiques ciblées, les constructeurs à faire fabriquer leurs batteries, et leurs voitures, en Chine, puis à les importer en Europe. Depuis le début de l'année 2024, la France a montré la voie en établissant un « éco-score » qui note l'empreinte carbone de la fabrication de la voiture. Pour bénéficier du bonus écologique de quelques milliers d'euros, la voiture doit avoir une empreinte carbone basse, ce qui exclut les voitures faites en Chine avec des batteries chinoises. L'Europe s'est également dotée en 2024 de la possibilité d'imposer des tarifs douaniers ciblés de 25 % sur les voitures électriques fabriquées en Chine. Tout cela concourt à favoriser la base industrielle européenne.

Mais nous devons en permanence rechercher le bon équilibre entre souveraineté et accessibilité. Rendre toutes les voitures électriques plus chères et se priver des progrès technologiques réalisés par les Chinois, c'est aussi rendre plus difficile, voire impossible, l'atteinte de l'objectif de 100 % de vente de voitures zéro émission en 2035. Ce point d'équilibre n'est pas écrit à l'avance et il bouge en fonction des technologies disponibles, des prix de vente des voitures, de l'accord que nous pouvons trouver avec les fabricants chinois pour localiser une partie importante de la valeur ajoutée économique en Europe, etc. C'est à n'en pas douter l'un des enjeux industriels majeurs associé au Pacte vert. Depuis le Parlement européen, je suis en permanence en contact avec les fabricants européens de batteries pour travailler au meilleur point d'équilibre possible entre ces injonctions, parfois contradictoires.

Le transport de marchandises routier

Quelques mois après avoir adopté les nouvelles règles du jeu pour les voitures, nous le faisons aussi pour les camions, les cars et les bus. En octobre 2023, je deviens l'un des membres de l'équipe de négociation de ce texte, moins visible dans les médias, car peu de gens achètent des bus et des camions… mais tout aussi important pour le climat.

En 2022, le transport de marchandises sur nos routes et nos autoroutes était responsable de 73,2 % de toutes les émissions de GES liées au transport dans l'Union européenne, et ces émissions ne cessent de croître. Il faut bien sûr encourager le ferroutage et le transport fluvial, ce que l'Europe fait notamment en finançant massivement, par exemple, le canal Seine-Nord qui reliera la Seine et l'Escaut. Cette nouvelle infrastructure facilitera le transport de marchandises entre le Bassin parisien et les grands ports européens comme Dunkerque, Anvers et Rotterdam. Mais ce que les spécialistes appellent le « changement modal » n'est qu'une partie de la solution. L'autre partie est de changer la technologie du camion lui-même.

Là encore, le texte proposé par la Commission européenne fixe un objectif de performance environnementale qui peut être atteint soit par une batterie électrique, soit par de l'hydrogène. Mais, contrairement à la loi sur les voitures, celle sur les camions ne prévoit pas d'atteindre 100 % de camions zéro émission en 2035. Son objectif est fixé à 90 % de camions zéro émission en 2040. Une partie de la négociation porte sur ces deux chiffres. Pourquoi 90 % et pourquoi en 2040 ? Après avoir analysé les données, je me rallie à ce point d'équilibre car la maturité technologique des camions électriques et à hydrogène est bien plus faible que celle des voitures. Le différentiel de coût est plus important, et les volumes que les constructeurs peuvent produire à brève échéance sont plus faibles. Il n'est donc pas possible, d'un point de vue industriel, de suivre la trajectoire que nous demandons pour les voitures individuelles. Et le marché des camions est bien plus diversifié que celui des voitures individuelles. Pensons aux camions de pompiers, aux camions poubelles, aux engins de chantier, etc. Le texte fixe donc un cap clair et ambitieux, 90 %, mais laisse ouverte la dernière marche pour aller à 100 %, ce qui me semble nécessaire.

Comme pour les voitures, les constructeurs européens de camions ont pris des positions différentes sur ce texte. Les principaux groupes dont nous voyons les marques sur nos autoroutes, DAF, MAN, Volvo, etc., principalement allemands et suédois, l'ont soutenu. Seul Iveco, constructeur italien, ne l'a pas fait. Ce qui n'a pas empêché les députés de la CDU, le principal parti de la droite allemande, de voter contre ce texte au grand dam des constructeurs de leur propre pays. Je me souviens d'échanges avec les représentants des constructeurs allemands ne sachant plus quoi faire pour convaincre des députés qui sont censés défendre les intérêts de leur industrie de ne pas s'y opposer par pure idéologie. Lorsque j'entre dans l'hémicycle le 21 novembre 2023, je suis convaincu qu'une très large majorité soutiendra ce texte. Le résultat est conforme à nos attentes : 445 votes en faveur, 152 contre et 30 abstentions.

Plusieurs mois après avoir voté ce texte, je me rends à Bourg-en-Bresse dans l'usine de Renault Trucks, qui appartient au groupe Volvo depuis 2001. Fin 2023, cette usine a entamé l'assemblage des premiers poids lourds de 44 tonnes à motorisation 100 % électrique, pour lesquels elle a investi 500 millions d'euros. La ligne de production des camions électriques vient d'être achevée. Les premières cabines équipées de batteries sortent de l'usine. J'en conduis une sur le circuit d'essai, sous la surveillance rapprochée des équipes de Renault Trucks, on ne sait jamais ! La fluidité est impressionnante, et je demande aux équipes qui m'accompagnent ce qu'en pensent les chauffeurs. « Ils ne veulent plus revenir aux camions thermiques. » Le défi de la fabrication est largement gagné. Reste maintenant à remporter celui de la baisse des coûts et du déploiement des bornes de recharge. C'est l'objet d'une réunion de travail avec RTE (Réseau de transport d'électricité). RTE, filiale d'EDF, est très peu connue du grand public. Les équipes de RTE sont pourtant un rouage essentiel du passage à la mobilité zéro émission car ce sont elles qui assureront le raccordement des bornes de recharge pour la mobilité lourde sur les autoroutes. Elles confirment que le réseau est prêt pour accueillir ces nouvelles entités mais qu'il est nécessaire de mieux les planifier. Ce défi-là est devant nous. Nous avons su résoudre l'équation pour les bornes de recharge à destination des voitures électriques et pour les bus urbains. Je ne doute pas, même si cela demande encore du travail, que nous parviendrons à le résoudre pour les camions ou encore pour les cars de tourisme.

La prochaine étape : 2026

Le passage à la route « zéro émission » est une pièce essentielle du Pacte vert. Tous les enjeux liés à la transition climatique s'y retrouvent : révolution technologique et industrielle, concurrence géopolitique avec la Chine, mécanisme pour rendre la transition accessible à tous, capacité de l'Europe à déployer une politique industrielle digne de ce nom, etc. La pression politique venant de l'extrême droite et d'une partie de la droite européenne pour s'arrêter au milieu du gué et abandonner nos objectifs est forte. La bataille aura lieu en 2026 lorsque la Commission européenne mettra sur la table l'actualisation du texte de loi sur les standards CO_2 des voitures. Certains, à l'extrême droite, chercheront à abolir tout bonnement toute trajectoire de décarbonation, d'autres, au sein du PPE, voudront remplacer le 100 % par 90 % ou le 2035 par 2040, etc. Cette clause d'actualisation est prévue depuis le début pour tenir compte des évolutions technologiques, des opportunités nouvelles ou des difficultés inattendues. Ce sera l'un des moments clés pour savoir si le Pacte vert est réellement affaibli ou si nous parvenons à adapter le texte aux évolutions technologiques sans diminuer l'exigence climatique.

Au sein du Parlement, qui aura à voter sur d'éventuels changements, je plaide pour une approche fondée sur les faits. Certains partis, comme la CDU allemande, se veulent les défenseurs des e-fuels, des carburants synthétiques faits à partir d'électricité. Le gros avantage de ces carburants, aux yeux de leurs promoteurs, est de conserver le moteur thermique actuel tout en fournissant des carburants réalisés à partir d'électricité décarbonée. C'est en quelque sorte le meilleur des deux mondes ! Je ne vois pas pourquoi être contre ce type d'innovations, mais il faut avoir en tête deux éléments clés. Le premier est qu'un litre de e-fuel coûte environ 6 euros car il faut d'abord produire l'électricité puis la transformer en carburant, ce qui demande au final une quantité d'énergie considérable. Est-ce vraiment la priorité que d'investir dans cette technologie, dont l'accessibilité pour le grand publique est extrêmement faible ? D'autres partis, comme celui de Giorgia Meloni en Italie, feront la promotion des biocarburants. Là encore, pourquoi pas ? Nous utilisons déjà largement des biocarburants, et ils permettent utilement de remplacer du pétrole par de la ressource que l'on possède chez nous comme le bois, les plantes ou les déchets. La question est donc de savoir à partir de quand le fait de développer massivement des biocarburants nuit à d'autres objectifs comme, par exemple, notre souveraineté alimentaire. Car, si nous utilisons nos champs pour produire de l'énergie, nous ne les utilisons pas pour produire de l'alimentation… Par ailleurs, nous stimulons déjà la production de biocarburants pour remplacer le kérosène dans les avions. Peut-on les produire à la fois pour nos avions et pour nos voitures ?

Toutes ces questions sont légitimes et méritent un débat appuyé sur les faits, et non sur les déclarations démagogiques. Au Parlement européen, les députés RN n'ont aucun problème, le lundi, à défendre le nucléaire, tout en s'opposant, le mardi, à l'électrification de la mobilité, qui est justement un nouveau débouché pour le nucléaire ! Et, le mercredi, à défendre la souveraineté alimentaire, tout en poussant, le jeudi, sans limites et sans discernement les biocarburants qui peuvent justement venir en contradiction avec la production agricole. J'espère que nous trouverons les moyens d'un débat apaisé, objectif, qui prendra en compte la complexité de la situation. À voir de nombreuses déclarations, il est permis d'en douter… Je ne changerai personnellement pas de méthode car je crois à l'intelligence collective !

CHAPITRE 10

Nucléaire contre renouvelables : enterrer la hache de guerre

« Peut-on vous présenter comme le fossoyeur de l'industrie nucléaire en France ? » me demande, tout en subtilité, Pascal Praud en mai 2024 alors que je suis son invité dans *L'Heure des pros* sur CNews dans le cadre de la campagne des élections européennes. Je suis, en effet, souvent la cible des réseaux d'extrême droite qui me décrivent comme un responsable politique œuvrant à Bruxelles, souvent dans l'ombre forcément pour répondre aux canons complotistes, contre les intérêts de l'industrie nucléaire française. Ironiquement, je fais l'objet de critiques totalement opposées de la part de partis verts.

En 2022, nous négocions la taxonomie, un texte qui a fait l'objet d'une bataille féroce entre la France et l'Allemagne (voir plus bas) car il s'agissait de dire si oui ou non, et à quelles conditions, le nucléaire était utile à la transition vers la neutralité climatique. Je soutiens l'introduction de cette technologie dans la taxonomie, car il me semble assez objectif que, le nucléaire n'émettant pas de CO_2, il est utile à la transition. Je suis alors critiqué par les ONG environnementales et un député vert français comme le « VRP d'Orano à Bruxelles ».

Si je suis critiqué sur ce sujet, à la fois par les Verts et par l'extrême droite, c'est parce que je tente d'analyser les choses avec objectivité sur ce sujet passionnel, quasi religieux, qui divise encore les pays européens. Regardons les faits.

Des avantages et inconvénients qui s'équilibrent

Le nucléaire émet très peu de CO_2 et il permet de produire sur une surface très faible une très grande quantité d'énergie décarbonée dite « pilotable », à savoir que les volumes produits sont décidés par nous et non imposés par le vent comme pour les éoliennes. Mais il comporte un risque évident en cas d'attaque ou d'accident, et génère des déchets dont la durée de vie allant jusqu'à des milliers d'années défie la raison humaine. À l'inverse, les énergies renouvelables, elles aussi décarbonées, sont intermittentes, c'est-à-dire que leur production dépend d'événements météorologiques extérieurs. Et elles demandent beaucoup plus de surface au sol que le nucléaire. Mais elles ne comportent aucun risque, et la gestion de l'intermittence peut se faire grâce à différentes techniques dont le stockage dans des batteries qui permet de lisser dans le temps l'arrivée sur le réseau des électrons solaires ou éoliens.

Côté prix, le nucléaire déjà installé coûte autour de 60 euros le mégawattheure*, le dernier appel d'offres éolien offshore en Normandie a été remporté avec un prix de

* Le coût complet du nucléaire existant calculé par la CRE s'élève à respectivement 60,70 €/MWh sur la période 2026-2030, 59,10 €/MWh sur 2031-2035 et 57,30 €/MWh sur 2036-2040. Ces valeurs sont exprimées en euros de l'année 2022.

45 euros le mégawattheure*. Le travail mené par RTE, qui a permis d'objectiver la situation en France, résume très bien le débat économique entre nucléaire et renouvelables : d'un côté, les renouvelables sont des énergies très compétitives, mais le coût d'un scénario 100 % renouvelables avoisine celui d'un système avec du nucléaire car il faut développer des moyens de pilotage, des capacités de stockage et renforcer fortement les interconnexions.

Côté vitesse enfin, il faut en moyenne 4,8 années pour sortir un parc solaire, 5 ans au mieux pour un parc éolien offshore, alors qu'il faut au moins 12 ans, et souvent plus, pour réaliser une centrale en Europe (17 ans pour l'EPR de Flamanville, 18 ans pour la centrale d'Olkiluoto en Finlande et *a minima* 15 ans pour Hinkley Point au Royaume-Uni, centrales toutes opérées par EDF).

À mes yeux, ces avantages et ces inconvénients s'équilibrent plutôt. Les renouvelables se déploient plus rapidement mais occupent plus d'espace. Le nucléaire comporte des risques inédits mais permet de faire beaucoup de volume de production, etc. Au final, tout est réuni pour que nous ne soyons pas dans la bataille entre ces technologies, mais plutôt dans leur complémentarité à l'échelle de l'Union européenne.

Une opposition qui nous fait perdre du temps

Et pourtant, pour l'instant en tout cas, la hache de guerre n'est pas enterrée ! Les États européens font ainsi partie de

---

Rapport de la Commission de régulation de l'énergie (CRE) au gouvernement sur les coûts du parc électronucléaire, 19 septembre 2023.

* Appel d'offres Normandie remporté par EDF Renouvelables.

deux alliances : l'alliance des pays pronucléaires, emmenée par la France, et qui compte dans ses rangs notamment la Belgique, la Pologne ou la Suède, et l'alliance des pays prorenouvelables, pilotée par l'Allemagne, avec le soutien de l'Espagne, de l'Autriche ou encore du Portugal. Plusieurs fois par an, les ministres de ces pays se retrouvent, affûtent leur stratégie pour mieux contrer celle du camp opposé. Résultat : chaque texte européen qui traite d'énergie fait l'objet d'une bataille farouche qui nous fait perdre un temps infini et retarde la transition au lieu de l'accélérer.

Prenons de nouveau l'exemple de la taxonomie. En 2019, lorsque j'arrive au Parlement européen, je trouve sur mon bureau de président de la commission de l'Environnement le texte de la taxonomie. Cette loi, présentée par la Commission en mai 2018 et votée par le Parlement en mars 2019 juste avant les élections, est le fruit des travaux du groupe d'experts sur la finance durable, dont j'ai fait partie entre 2016 et 2018. Son objectif est simple : les investisseurs demandent que les entreprises et les marchés financiers parlent un langage européen commun pour savoir ce qui est vert, ce qui est utile à la transition climatique et ce qui, au contraire, lui est nuisible. C'est la seule façon pour un investisseur italien de soutenir un projet en France, par exemple, sans passer des jours à comparer des critères différents qui classent comme « verte » telle technologie dans un pays mais pas dans l'autre. La taxonomie est ce langage commun appelé de leurs vœux par les investisseurs, comme par les entreprises et les ONG pour mettre fin au *greenwashing*.

La négociation avance vite, et nous arrivons en décembre 2019 à la dernière journée du processus. Nous nous heurtons alors au traitement du nucléaire et du gaz. Le nucléaire est-il une énergie dangereuse dont il faut sortir au plus vite, ou une solution décarbonée indispensable à la transition et à encourager fortement ? Trancher cette question menace l'ensemble de la négociation ! Je considère que le jeu n'en vaut pas la chandelle, et qu'il vaut mieux finaliser le texte tout en laissant ouvert le traitement futur du nucléaire et du gaz. Cette stratégie est validée, et nous adoptons la taxonomie tout en renvoyant l'arbitrage difficile à un acte délégué (c'est-à-dire un décret européen) qui devra être proposé par la Commission européenne quelques mois plus tard. Un cadeau empoisonné mais qui permet au moins d'avancer sur le reste.

Avec des mois de retard sur le calendrier initial, la Commission sort sa proposition : le nucléaire n'est pas « vert », à cause des déchets radioactifs qu'il produit, mais il est « utile à la transition » puisqu'il est décarboné. Pour en arriver à ce compromis de bon sens, la Commission a dû sceller le sort du nucléaire avec celui du gaz. Car, si la France a une passion pour le nucléaire – nous sommes le seul pays au monde à avoir plus de 70 % de notre électricité produite avec cette technologie –, l'Allemagne s'est amourachée du gaz, et notamment du gaz russe dont elle était très dépendante jusqu'aux mesures prises dans l'urgence à la suite de l'invasion de l'Ukraine par la Russie. Impossible donc pour nos voisins allemands d'admettre politiquement que le nucléaire et ses déchets soient considérés comme un investissement utile à la transition si le gaz ne l'est pas aussi lorsqu'il remplace le charbon, énergie trois à quatre fois plus émettrice de CO_2 que les molécules de gaz. Et impossible pour le gouvernement français que le gaz soit considéré comme utile à la transition lorsqu'il prend la place du charbon, si le nucléaire qui n'émet pas de CO_2 ne l'est pas lui aussi ! La seule voie de sortie fut donc de classer les deux technologies, et sous des conditions strictes dans le cas du gaz* comme utiles à la transition sans être vertes. C'est ce que je préconisais en novembre 2021** et ce que fit la Commission européenne début 2022.

L'enjeu de la compétitivité

Je tire deux leçons de cette expérience qui a occupé des heures de discussion au plus haut niveau entre le président de la République française et le chancelier allemand. La première est que le sujet est absolument irrationnel, entre des pays européens que tout oppose sur ce point : la France produit plus de 70 % de son électricité avec cette technologie et compte bien continuer à l'exporter, quand l'Autriche interdit dans sa Constitution l'usage sur son sol du nucléaire civil et militaire. Leader mondial d'un côté, technologie interdite de l'autre ! On voit à quel point faire converger les points de vue est complexe.

La seconde leçon est que derrière les visions idéologiques liées à des histoires différentes se cache l'enjeu de la compétitivité entre nos pays. Et, au fond, c'est là le cœur des tensions, notamment entre la France et l'Allemagne. La France met en

---

* Chaque activité liée au secteur du gaz doit respecter l'un des seuils d'émission suivants : les émissions sur l'ensemble du cycle de vie sont inférieures à 100 gCO2e/kWh ; ou, jusqu'en 2030, et lorsque les énergies renouvelables ne sont pas disponibles en quantité suffisante, les émissions directes sont inférieures à 270 gCO2e/kWh (ou 550 kgCO2e/kW/an en moyenne sur vingt ans pour la production électrique). Si ces seuils sont utilisés, plusieurs conditions doivent être remplies : remplacement d'installations à combustibles solides/liquides, transition complète vers des gaz renouvelables ou bas-carbone d'ici à 2035, et vérification indépendante régulière du respect des critères (Règlement délégué (UE) 2022/1214).

** Karl De Meyer, « Pascal Canfin : "Le nucléaire et le gaz doivent être reconnus comme utiles à la transition énergétique, sous conditions" », *Les Échos*, 7 novembre 2021.

avant le faible prix de revient du parc nucléaire installé qui produit une électricité bon marché, comparée à nos voisins. Et le différentiel de prix de l'électricité est vu par les gouvernements allemands comme un risque pour leur propre industrie. D'autant que l'Allemagne développe à marche forcée les énergies renouvelables – qui pèsent 60 % de la consommation d'électricité en 2024, soit près de trois fois plus que le charbon – et considère qu'il est injuste que la France puisse avoir un avantage compétitif avec une technologie risquée dont tout le monde devrait supporter le coût en cas d'accident.

Cette tension connaît un maximum lorsque nous négocions à l'hiver 2023 la réforme du marché de l'électricité en pleine invasion russe de l'Ukraine. Notre objectif est d'accélérer les investissements dans l'électricité décarbonée de façon à sortir de notre dépendance aux énergies fossiles. Pour cela, nous voulons permettre aux entreprises industrielles de négocier des contrats de long terme avec des fournisseurs d'électricité grâce auxquels elles se déconnecteront des fluctuations de court terme des prix de marché. L'Allemagne craint que les industriels français négocient des contrats bon marché avec EDF, entreprise 100 % détenue par l'État, ce qui leur offrirait dans la durée un avantage compétitif.

Je connais bien le négociateur allemand, Sven Giegold, avec qui je siégeais dans la commission des Affaires économiques et monétaires lors de mon premier mandat au Parlement européen entre 2009 et 2012. C'est un Vert allemand, pragmatique. Il redoute que les industriels français puissent négocier des contrats de long terme autour de 50 euros le mégawattheure à coups de subventions publiques cachées dans les comptes d'EDF. Au même moment, en Allemagne, les discussions au sein de la coalition au pouvoir visant à plafonner les prix à 60 euros le mégawattheure pour les industriels achoppent en raison de leur coût budgétaire élevé. Finalement, le gouvernement allemand se met d'accord sur des mesures pour faire baisser les prix de l'énergie autour de 70 euros le mégawattheure pour les industries qui en consomment le plus. Et à Paris, les discussions sur le futur prix de vente du nucléaire par EDF aux grands industriels aboutissent également au prix théorique de 65-70 euros le mégawattheure. EDF doit, en effet, financer les investissements dans le nouveau nucléaire et porte déjà une dette élevée. Les réticences allemandes sont alors levées car ils n'interprètent plus ces contrats comme un risque majeur pour la compétitivité de leur industrie. D'ailleurs, ironie de l'histoire, un an après avoir voté la réforme du marché européen de l'électricité, la France n'a pas encore mis en place ces fameux contrats de long terme car il s'avère très difficile de trouver le bon point d'équilibre sur le prix qui permet de réconcilier les besoins de financement d'EDF et les exigences de compétitivité de nos industries. Et c'est cette tension, notamment, qui a coûté sa place au patron d'EDF, Luc Rémont, limogé sans ménagement par l'État actionnaire début 2025.

Toutes les technologies sont nécessaires

Malgré ces désaccords, peut-on imaginer que les pays européens enterrent la hache de guerre ? Je le crois et je m'y emploie. Car qui dit transition écologique dit sortie des énergies fossiles, et qui dit sortie des énergies fossiles dit électrification de l'économie. Pour atteindre les objectifs du Pacte vert, nous avons besoin de produire plus d'électricité décarbonée en remplaçant les molécules de gaz et de pétrole. Or, pour relever ce défi gigantesque, nous avons besoin de toutes les technologies. Chacune ayant, comme nous l'avons vu, des avantages et des inconvénients. Au lieu de nous opposer, nous devrions miser sur les forces de chacun. L'un des chantiers énergétiques du Pacte vert où cette approche est pour moi la plus évidente est le sujet de l'hydrogène.

L'hydrogène est considéré par beaucoup comme l'une des rares alternatives crédibles au gaz fossile pour produire de la chaleur pour nos processus industriels. Je partage ce point de vue. Mais l'hydrogène n'est, pour l'essentiel, pas une nouvelle source d'énergie. Il existe bien un hydrogène dit « blanc » présent à l'état naturel dans notre sous-sol. Toutefois, il est trop tôt pour savoir si les gisements potentiels sont significatifs ou anecdotiques. Aujourd'hui, l'hydrogène est donc surtout un vecteur énergétique qui nécessite, pour le fabriquer, de l'électricité. Ainsi, l'entreprise Gravity va installer près de Fos-sur-Mer un électrolyseur de 700 mégawattheures pour produire, grâce à l'électricité, de l'hydrogène décarboné. Mais ce site aura besoin, à lui tout seul, de l'équivalent de la puissance d'un réacteur nucléaire ! Or, si l'on veut avoir un gain pour le climat, il faut que cette électricité soit elle-même décarbonée. Nous retrouvons donc, comme toujours, le nucléaire et les renouvelables, et les désaccords franco-allemands... La France mise sur la production nucléaire, ce qui permet de remplacer du gaz fossile importé par des électrons décarbonés *made in France*. Un double bénéfice pour notre balance commerciale et pour EDF, auquel cet usage assure un débouché massif pour les futures centrales. Et l'Allemagne mise sur les renouvelables en faisant produire cette électricité en partie en dehors de l'Europe, par exemple dans des parcs solaires en Afrique du Nord, en Namibie ou dans les pays du Golfe, en la transformant en ammoniac sur place, puis en amenant cet ammoniac par bateau à Hambourg et à Rotterdam, et en le retransformant en hydrogène sur le port avant de le distribuer par camions ou *via* des pipelines dans les principales industries du pays.

J'évoque ce sujet avec Emmanuel Macron dans l'avion présidentiel qui nous conduit au Gabon pour un sommet sur la protection des forêts tropicales. Il me dit ne pas croire dans la rationalité de l'approche allemande : trop cher, trop compliqué et à rebours de l'autonomie stratégique prônée par la France, puisque cela revient à dépendre de nouveau de pays tiers pour notre énergie. Je réponds au président que soit il a raison, et alors il devrait laisser, cyniquement, les Allemands faire une erreur qui aura des conséquences négatives pour leur compétitivité, soit il a tort, et alors la solution allemande est indispensable pour nous permettre de produire en masse de l'hydrogène décarboné. Et j'ajoute que la position française laisse à l'Allemagne un quasi-monopole de la discussion avec des pays du continent africain qui sont en forte demande de nouvelles chaînes de valeur liées à la lutte contre le dérèglement climatique. Je conclus en disant qu'il faut faire du… « en même temps », que les stratégies sont complémentaires et que nous avons tout à gagner à les additionner et non à les opposer.

Quelques semaines plus tard, j'échange avec l'un des conseillers du chancelier Olaf Scholz sur le même sujet. Il m'avoue ne pas croire à la solution française. Le nouveau nucléaire est trop cher, il arrive trop tard, pas avant la décennie 2040, et nous avons besoin de développer une diplomatie climatique qui partage une nouvelle valeur ajoutée avec les pays du Sud pour les amener, eux aussi, à voir leur intérêt dans le passage aux énergies vertes. Je lui réponds que, si le nucléaire est trop cher, qu'il laisse les Français faire cette erreur pour leur compétitivité, et que tout faire dépendre de nouvelles chaînes d'importation ne permet pas de régler la question de notre souveraineté. Et je conclus, comme avec le président de la République, qu'il nous faut mener en parallèle les deux stratégies pour multiplier nos chances d'atteindre nos objectifs économiques, climatiques et diplomatiques.

Voilà qui illustre parfaitement l'état des discussions franco-allemandes, qui contribue à ralentir le rythme de la transition et à nous affaiblir en tant qu'Européens. Cela est d'autant plus dommageable que, dans la réalité, nos systèmes électriques se soutiennent mutuellement, et tant mieux. En 2022, lorsque la moitié des centrales nucléaires françaises étaient à l'arrêt, nous étions bien contents de pouvoir bénéficier des centrales au charbon et des renouvelables allemands. En 2023, l'Allemagne est devenue importatrice nette d'électricité, ce qui n'était pas arrivé depuis plus de vingt ans, important notamment un quart d'énergie nucléaire. Bien sûr, l'Europe ne se résume pas à un accord ou à un désaccord franco-allemand. Mais, sur un tel sujet, si la France et l'Allemagne parvenaient à s'entendre, non pas pour faire la même chose, mais au contraire pour considérer que développer des voies différentes et complémentaires est au fond la meilleure option opérationnelle pour se prémunir des risques de « mettre tous ses œufs dans le même panier », nous aurions fait un pas de géant qui nous permettrait de sortir de discussions largement stériles.

L'élection de Friedrich Merz en Allemagne au printemps 2025 offre une véritable opportunité de dépassement de cette opposition. Lors de sa venue à Paris, quelques heures après son investiture par le Bundestag, le nouveau chancelier a explicitement soutenu la nécessité de l'énergie nucléaire, et de ce que l'on appelle dans le jargon des négociations européennes, la « neutralité technologique », à savoir ne pas privilégier une technologie décarbonée plutôt qu'une autre. Quelques semaines plus tard, le gouvernement danois adoptait lui aussi une nouvelle position : tout en réaffirmant qu'il ne développerait pas de centrales nucléaires sur son sol – le pays compte déjà près de 90 % de sa production électrique à base d'énergies renouvelables –, il se déclarait maintenant ouvert au financement du nucléaire par de l'argent du budget européen. 2025 restera donc peut-être comme l'année de la grande réconciliation au sein du monde des énergies décarbonées. Cela serait, sans conteste, une bonne nouvelle pour l'accélération de la transition vers la neutralité climatique car cette quasi-guerre de religion nous a fait perdre beaucoup de temps dans le développement de l'hydrogène, des interconnexions électriques entre nos pays, etc.

Si nous voulons vraiment produire beaucoup plus d'électricité au prix le plus compétitif possible, nous devons franchir une étape dans l'intégration de nos systèmes énergétiques. Deux nœuds européens sont les clés pour y parvenir. Le premier est en mer du Nord qui concentre une puissance d'éolien offshore à bas coût exceptionnelle, qui n'est pas encore totalement exploitée faute de réseaux suffisants pour transporter dans toute l'Europe l'électricité produite. Le second se situe entre la France et l'Espagne. La péninsule Ibérique concentre un potentiel majeur, dans le solaire en Espagne et dans l'éolien au Portugal, sans même parler de la possibilité de développer des parcs solaires au Maroc dans des espaces désertiques quasi infinis. Mais, aujourd'hui, ce potentiel ne bénéficie pas à toute l'Europe car il ne franchit pas... les Pyrénées. Le contexte actuel offre une double opportunité historique : d'une part, nos objectifs climatiques impliquent de produire et donc de faire circuler plus d'électrons décarbonés ; d'autre part, faire baisser le prix de l'énergie payé par nos industriels est une priorité absolue pour leur redonner de la compétitivité face aux prix américains du gaz de schiste. C'est pourquoi je plaide pour une véritable Union de l'énergie zéro carbone, qui favorise des investissements, publics et privés, massifs dans les interconnexions électriques, dans le stockage de l'électricité pour rendre les renouvelables plus pilotables et dans les nouveaux réacteurs nucléaires. Si cette intégration renforcée ne peut se faire à 27, faisons-la à quelques-uns d'abord, comme nous avons su décider de la création de l'euro dans les années 1990.

CHAPITRE 11

Vers une économie européenne zéro déchet

Quel texte du Pacte vert a fait l'objet de la plus intense campagne de lobbying ? Ce n'est pas celui sur les voitures ou sur la finance verte. Mais la loi européenne sur la réduction des emballages et les règles fixant ce qu'ils deviennent une fois que nous les avons utilisés. Ce texte proposé par la Commission européenne en novembre 2022 a fait l'objet, pendant toute sa négociation qui a duré jusqu'en mars 2024, d'un lobbying acharné de la part des entreprises dont le modèle économique repose sur le « tout-jetable ».

Le lobbying des industries du fast-food et de l'emballage

Les chaînes de fast-food, au premier rang desquelles McDonald's qui a pris la tête de la campagne de lobbying, organisent leur riposte. Elles publient, en 2023, une étude intitulée « No Silver Bullet » (« Pas de solution miracle ») censée démontrer que les emballages jetables en plastique sont plus écologiques que les emballages réutilisables. Le rapport avance que ces derniers nécessitent beaucoup d'eau, d'énergie et de détergents pour être lavés, ce qui augmenterait leur empreinte carbone. Lorsque je demande avec mes collègues députés la source de ces données, ces dernières renvoient au cabinet de conseil qui n'est ni plus ni moins que… l'auteur du rapport pour McDo. Voilà une utilisation très circulaire de l'expertise ! En se citant lui-même, le consultant ne prend pas le risque d'être contredit !

Quelques semaines plus tard, cinquante chercheurs se mobilisent et publient une lettre ouverte dénonçant le danger que représentent ces rapports mensongers, et le centre de recherche de la Commission présente devant tous les États membres une analyse démontrant l'exact inverse du « rapport McDo ». Sachant que la défense des emballages plastiques n'est pas un combat des plus populaires, les entreprises de la restauration rapide ne pratiquent pas des campagnes à grande échelle mais au contraire ultraciblées. À Bruxelles, les messages publicitaires contre le texte de loi ne s'affichent que dans les stations de métro proches des institutions européennes… Et pas de page de publicité dans les grands journaux, mais une présence permanente et ultravisible dans les médias spécialisés sur les affaires européennes comme le site Politico. Des entreprises comme KFC, Pizza Hut ou Dunkin' Donuts se sont rassemblées dans une coalition dont le slogan dit l'inverse de leur ambition : « Ensemble pour des emballages durables. » Une manipulation du langage qui n'est pas sans rappeler le célèbre roman *1984* de George Orwell…

Cette campagne de lobbying de l'industrie du fast-food n'est pas isolée. Elle fait écho aux réticences d'une autre industrie, méconnue du grand public celle-là, mais qui génère près de 350 milliards de chiffre d'affaires chaque année en Europe : l'industrie des emballages. À bien y réfléchir, la quasi-totalité de ce que nous consommons est emballée et parfois plusieurs fois. Même les produits achetés en vrac dans les épiceries zéro déchet, c'est-à-dire le modèle le plus performant du point de vue écologique, nécessite des emballages : des cagettes, des cartons, des sacs qui contiennent le produit conditionné en plusieurs kilos puis des bacs dans le magasin et enfin des sacs pour le transport au domicile du client final. Et vient ensuite la question du devenir de ces emballages : sont-ils recyclables ? recyclés ? réutilisés ? ou simplement conçus pour ne pas être recyclés mais détruits dans des incinérateurs, voire encore dans certains pays européens… enterrés dans des décharges géantes. En Bulgarie et à Malte, plus de 70 % des déchets sont encore mis en décharge…

C'est l'histoire d'un gobelet en « carton »…

On le voit, l'industrie des emballages est partout. Et pourtant le lecteur sera probablement bien en peine de citer de mémoire les noms des leaders européens de cette industrie. Car sur aucun de ces emballages ne figurent de marques, et ces entreprises ne font aucune publicité grand public. Mais, lorsqu'il s'agit de défendre leurs intérêts, à savoir le fait de pouvoir continuer à fabriquer des millions de tonnes d'emballages, elles savent actionner les bons leviers.

Prenons l'exemple des gobelets en « carton plastifié » que nous trouvons partout dès que nous consommons une boisson ou une salade à emporter. Le leader mondial qui les fabrique est une entreprise finlandaise, Huhtamaki. Elle est inconnue du consommateur européen qui utilise pourtant régulièrement ses produits. Mais elle n'est pas inconnue, loin de là, du gouvernement finlandais et des députés finlandais qui siègent au Parlement européen. Tout au long de la négociation, j'ai donc dû composer avec une farouche opposition des Finlandais aux objectifs de réduction des emballages, députés pourtant régulièrement en pointe sur d'autres sujets écologiques. Ils étaient prêts à accepter des objectifs de réduction, mais uniquement sur les emballages plastiques et à condition que le carton plastifié soit considéré… comme du papier ! Autrement dit, à tordre tout simplement la réalité : ces cartons plastifiés sont en théorie recyclables mais, dans la pratique, ils ne sont presque pas recyclés, car la séparation des couches de carton et de plastique demande une énergie considérable et coûte très cher.

On pourrait objecter que l'utilisation du plastique dans ces gobelets est justifiée par le fait qu'ils doivent supporter des températures très élevées, par exemple celle d'un café, et que sans plastique le carton ramollirait. Problème : des entreprises ont trouvé la solution technique pour faire des gobelets qui résistent à la chaleur tout en étant à 100 % en carton et donc 100 % recyclables à un prix correct. C'est le cas de l'entreprise française C.E.E. R. Schisler et de son gobelet 100 % papier-carton, recyclable et compostable à domicile baptisé Earth Cup. La bataille du géant finlandais n'avait donc qu'un seul objectif : préserver ses parts de marché, gagner du temps et ne pas avoir à investir dans de nouvelles technologies, donc dans de nouvelles lignes de production et éviter que ses concurrents plus innovants aient un avantage concurrentiel. Bref, du pur lobbying qui ne s'embarrasse pas de l'intérêt général…

Malgré les campagnes de pression qui ont abouti à des reculs par rapport à la proposition initiale très ambitieuse de la Commission européenne, le texte final adopté en 2024 marque une rupture avec le « toujours plus d'emballages » que nous connaissons depuis des décennies. Il ancre dans la loi un premier principe fondamental : à partir de 2030, 100 % des emballages mis sur le marché devront être conçus pour être recyclés à grande échelle et dans des conditions économiques satisfaisantes. Autrement dit, la *cup* en carton plastifié faussement recyclable devra bien changer – ou trouver les solutions pour être recyclée à grande échelle donc à un coût raisonnable – sous peine de ne plus pouvoir être commercialisée !

70 % des emballages devront être recyclés en 2030

Autre nouvelle règle : 70 % des emballages devront être effectivement recyclés en 2030 dans tous les États membres. Le taux de recyclage moyen des déchets d'emballage en Europe était de 65,3 % en 2022. Comme nous augmentons le volume qui sera recyclé, il faut aussi offrir des débouchés à cette nouvelle matière. C'est pourquoi le texte fixe une obligation d'incorporer du contenu recyclé dans les emballages produits. Mais encore faut-il s'assurer que la matière présentée comme recyclée l'est réellement. Car, lors des négociations, j'ai été alerté par les recycleurs européens sur une nouvelle concurrence déloyale provenant de Chine : plus nous augmentons les obligations d'utilisation de matières recyclées, plus les entreprises se voient proposer du plastique faussement recyclé par des exportateurs chinois. Ce plastique est vierge, c'est-à-dire directement issu du pétrole, mais il est vendu plus cher, comme étant recyclé. Or rien ne ressemble plus à du plastique que… du plastique. Pour savoir si celui-ci est vierge ou recyclé, il faut réaliser une analyse de fibres que les douaniers ne font évidemment pas systématiquement. C'est pourquoi nous avons décidé de mettre en place des clauses miroirs pour garantir que les matériaux recyclés importés respectent les mêmes normes environnementales (mêmes critères de qualité et de traçabilité) que ceux produits localement.

Pour que les déchets puissent être recyclés puis réutilisés, encore faut-il qu'ils ne soient pas pollués dans des proportions qui rendent leur seconde vie impossible. C'est aussi pour cela – à côté des préoccupations de santé publique – que nous avons, après une négociation tendue, réussi à obtenir la fin des PFAS, ces désormais célèbres « polluants éternels » dans les emballages en contact avec notre alimentation à partir de 2026. Les PFAS dans les cartons de pizza à emporter, ce sera donc fini. Pourquoi en 2026 et pas immédiatement ? Parce qu'il faut bien laisser le temps aux industriels de s'adapter et de développer des produits de substitutions avec des molécules qui ne soient pas… encore plus nocives !

Ce texte sur les emballages est majeur, et il n'aurait sans doute pas pu voir le jour sans la volonté de quelques pays, dont la France, d'avancer vers un nouveau paradigme. Avec la loi AGEC adoptée dès février 2020 grâce à Brune Poirson en charge du dossier au gouvernement de l'époque, la France a été le pays pionnier dans la fixation de règles novatrices pour diminuer la pollution plastique et aller vers une économie moins « jetable ». Et parce que nous avons montré, avec les acteurs économiques concernés, que nous pouvions réellement nous passer des sacs de caisse en plastique ou des flacons de shampooing individuels dans les hôtels, nous avons réussi à étendre ces règles à l'échelle d'un continent.

L'ère du « poubellien »

La question de la réduction de nos déchets plastiques est un élément d'un enjeu plus large qui est celui de la pollution plastique dans son ensemble. Lorsque j'étais directeur du WWF France, j'ai écrit une tribune avec le directeur général de l'Institut océanographique de Monaco qui alertait sur la transformation de nos océans, et de notre planète en général, en une gigantesque poubelle. Nous avons repris l'expression utilisée par le fondateur de cet institut de renommée mondiale : nous entrons dans l'« ère du poubellien », ce nouveau moment de la vie sur Terre où la pollution plastique est absolument partout. Tout le monde connaît les fameux « continents » de plastique qui flottent à la surface des mers. Mais cette pollution ne représente que 15 % de la totalité des plastiques qui finissent dans l'océan. Car le plastique est partout : sur nos plages lorsque la mer finit par le rejeter, sur les glaces des pôles, dans les poissons que nous mangeons… Avec cette pollution mondiale au plastique, nous touchons du doigt le fait qu'il n'y a pas d'un côté les êtres humains et de l'autre l'environnement. Mais que nous sommes dans le même écosystème que les autres espèces. Et si le plastique que nous produisons finit en microplastiques, ceux-ci ne disparaissent pas comme par enchantement, mais ils reviennent, y compris dans notre alimentation.

C'est pour cela que la réduction de la pollution plastique est un fil rouge du Pacte vert dans plusieurs textes. À côté de la loi européenne sur les emballages qui marque un certain nombre de ruptures, nous avons également voté la fin de l'exportation des déchets plastiques dans les pays n'appartenant pas à l'OCDE*. Mais aussi adopté, en 2025, de nouvelles règles pour lutter contre les billes de plastique qui finissent dans l'océan après avoir été manipulées par les entreprises. On trouve ces billes de plastique dans les installations industrielles où elles sont utilisées comme matière première pour fabriquer divers produits en plastique. Ces petites billes, souvent de quelques millimètres de diamètre, peuvent facilement se disperser dans l'environnement lors de leur manipulation, contribuant ainsi à la pollution des océans et des plages. Le 8 décembre 2023, le navire *Toconao* a perdu en mer plusieurs conteneurs, dont l'un a expulsé au moins 1 tonne de ces microparticules de plastique, qui se sont ensuite disséminées tout le long du littoral galicien, en Espagne.

On pourrait penser que ces objectifs sont partagés par l'ensemble des responsables politiques, car, au fond, qui a envie de vivre dans l'ère du poubellien ? Et pourtant, l'exemple du lobbying contre la directive sur les emballages nous démontre que, malheureusement, ce n'est pas le cas. L'exemple de la paille en plastique l'illustre aussi tristement. En mai 2018, une étude de la Commission européenne a montré que les pailles en plastique figuraient parmi les principaux objets en plastique que l'on trouvait dans les mers qui entourent l'Europe. Elle a donc proposé de les interdire car il existe des alternatives évidentes, en papier ou en métal, et dans de nombreux cas ces pailles décoratives sont tout simplement inutiles. La décision fut prise en 2019, juste avant les élections européennes de mai, et les interdictions furent mises en place à partir de juillet 2021. En 2023, j'ai décidé de regarder de près où en était la mise

* Voir chapitre 13, « L'impact du Pacte vert sur le reste du monde », p. 185.

en œuvre concrète de cette interdiction dans les pays qui bordent la Méditerranée. Le résultat montre des disparités très fortes entre les bons élèves, la Grèce, les Baléares, la France et l'Italie, qui a introduit des exceptions altérant significativement la portée de la directive. Quatre ans après la fin de la commercialisation des pailles en plastique, vous pouvez donc toujours en trouver dans des bars de plage où elles ont de grandes chances de finir dans la mer… Et, de l'autre côté de l'Atlantique, la même interdiction, prise par Joe Biden, a été annulée par Donald Trump dès son retour à la Maison Blanche…

Lutter contre les plastiques à usage unique

Pourquoi est-ce si difficile de prendre et d'appliquer les décisions pour réduire notre consommation d'objets en plastique ? Je me suis souvent posé cette question lors des heures de négociation passées sur les textes que je viens de mentionner. Je retiendrai deux raisons.

La première est que derrière le plastique se trouve… le pétrole. Alors que nous cherchons à réduire notre consommation de pétrole dans notre mobilité, les compagnies pétrolières ne sont pas très chaudes pour voir un autre de leur débouché mis à mal. Et les pays producteurs de pétrole non plus. Ce sont eux qui ont fait échec, en décembre 2024, à la tentative de se doter d'un traité international pour lutter contre la pollution plastique. Le groupe des pays qui ont mis leur veto à toute règle contraignante sur la réduction des plastiques parle de lui-même : Arabie saoudite, Russie, Iran et Koweït. Quatre pays producteurs de pétrole !

La seconde raison est plus diffuse : car « le plastique, c'est fantastique », comme le disait une chanson d'Elmer Food Beat dans les années 1980. Et effectivement si le plastique est utilisé à peu près partout, seul ou associé à d'autres matériaux, c'est qu'il a des propriétés exceptionnelles. Il est léger, transparent si on le souhaite, ne se casse pas donc sans danger pour l'utilisateur, suffisamment robuste pour en faire des tableaux de bord de voiture, suffisamment souple pour en faire des ballons gonflables. Et, argument final, il n'est pas cher. Face à ce produit magique, les alternatives sont souvent plus coûteuses, plus dangereuses, moins résistantes… C'est pour cela qu'il faut procéder par étapes et ne pas s'attaquer au plastique dans son ensemble.

L'enjeu principal est de lutter contre les plastiques à usage unique. Du plastique dans un tableau de bord qui va rester en place pendant quinze ans puis être recyclé pour redevenir un tableau de bord en plastique ne pose aucun problème. Mais des milliards de pailles inutiles qui finissent dans l'océan, se dégradent et sont avalées par les poissons puis par nous lorsque nous mangeons ces poissons, oui, ça pose un sérieux problème. Il faut ensuite s'attaquer aux plastiques quand des alternatives meilleures existent. Les analyses de cycle de vie réalisées par le centre de recherche de la Commission européenne (JRC) ont montré que les produits faits en papier à la place du plastique ont un bénéfice écologique. Mais les alternatives ont aussi des impacts potentiellement négatifs pour la biodiversité. Si nous remplacions par du papier-carton tous les emballages en plastique, nous aurions certainement un problème de disparition accrue des forêts. C'est pour cela que la réflexion sur le plastique doit porter non seulement sur la nature du produit, mais aussi sur son utilité elle-même. Supprimer les emballages inutiles et superflus et valoriser le réemploi d'un produit, avant même son recyclage, est indispensable. Enfin, le plastique n'est pas toujours facilement remplaçable. Le pot de yaourt en plastique n'a pas d'équivalent évident. Il suffit pourtant de se promener une fois dans un pays du Sud pour constater que vendre des centaines de millions de pots de yaourt en plastique dans des pays qui n'ont aucun système de collecte ni de recyclage des déchets conduit forcément à une pollution majeure et à cette sensation de vivre dans une poubelle géante. En Europe, pendant très longtemps, les pots de yaourt n'étaient pas recyclables ni recyclés. Aujourd'hui, ils sont collectés de manière séparée puis, dans de nombreux cas, ils ne sont pas recyclés mais brûlés ou incinérés car nous ne disposons pas encore des technologies pour recycler à grande échelle le type précis de plastique utilisé pour la fabrication des pots de yaourt. Il semblerait que de nouvelles technologies de recyclage apparues ces deux dernières années puissent changer la donne. Cela peut paraître aberrant, alors que les pots de yaourt sont partout dans notre quotidien et ne datent pas d'hier… On mesure à l'aune de ce simple exemple la portée de la nouvelle loi européenne sur les emballages qui stipule que 100 % des emballages devront être conçus pour être recyclables à grande échelle en 2030.

Passer d'une économie linéaire à une économie circulaire

Pour sortir de l'impasse de la gestion de nos déchets et de l'ère du poubellien, il nous faut opérer une rupture nous faisant passer d'une économie linéaire à une économie circulaire. L'économie linéaire prend des ressources dans la nature (pétrole, gaz, minerais, etc.), les transforme en produits finis, puis les détruit en les brûlant ou en les mettant dans des décharges. À 8 milliards d'humains sur notre planète, cette logique linéaire est insoutenable. Nous devons donc passer à une logique circulaire, où l'économie utilise de moins en moins de matières premières et de plus en plus de matières dites « secondaires », issues du réemploi et du recyclage. Pour y parvenir, nous devons agir à la source, c'est-à-dire dès la conception des produits. Nous l'avons fait pour les emballages. Et nous l'avons également fait pour des produits clés, comme les ordinateurs et les téléphones portables, dans le cadre de la révision des lois européennes sur l'écoconception.

Ces changements, qui tiennent une place importante dans la logique d'ensemble du Pacte vert, ont été quasiment invisibles médiatiquement. Ils sont pourtant porteurs d'une véritable révolution dans la façon dont les entreprises conçoivent et fabriquent nos vêtements, nos ordinateurs, nos téléphones, nos meubles, les détergents et les peintures, etc. Car, en juin 2024, nous avons voté un double changement de logique : non seulement nous avons établi que la circularité dès la conception devait devenir progressivement la norme et non plus l'exception, mais nous avons étendu les critères d'écoconception au-delà de la seule performance énergétique. Tout le monde connaît les étiquettes énergie de A à G sur les lave-vaisselle ou les lave-linge. Ces étiquettes qui vont du vert au rouge vif ne sont pas là par hasard. Elles ont été imposées par l'Europe aux fabricants, dès 2009. Et cela a tellement bien marché que les produits électroménagers les moins performants ont été sortis du marché, et nous avons aujourd'hui des produits A+++ tant les performances ont progressé. Toutefois, seule la consommation d'énergie était prise en compte. Nous avons donc étendu ces critères, par exemple à la recyclabilité du produit, de façon à faire de l'écoconception un outil clé pour aller vers une économie circulaire.

D'un point de vue politique, ces textes font l'objet d'un soutien assez large… tant qu'on en reste aux principes. Comme nous ne pouvons fixer tous les critères en détail pour chaque famille de produits dans la loi, nous avons renvoyé la fixation des seuils de performance à atteindre à des décrets européens qui sont en cours d'écriture par la Commission européenne. Parmi les premiers secteurs concernés, le décret textile verra le jour fin 2026, celui sur les pneus en 2027, tandis que les meubles, les tablettes, les téléphones et les ordinateurs devraient suivre en 2028. Pour les matériaux de base comme l'acier, les premières exigences seront déterminées fin 2026, et celles concernant l'aluminium arriveront en 2027.

C'est à ce moment-là que les tensions vont monter. Elles se manifesteront d'abord du côté des partis d'extrême droite, qui vont crier à des atteintes à notre liberté de consommer. Mais aussi du côté des grandes entreprises non européennes, qui vont tout faire pour saboter le processus car les principaux produits listés en priorité dans la loi européenne sont fabriqués… par des entreprises non européennes et hors d'Europe ! Un iPhone fabriqué en Chine devra suivre les exigences d'écoconception de Bruxelles. C'est la beauté de l'effet Bruxelles*. Le lobbying de toutes les entreprises concernées est d'autant moins visible que l'écriture de ces règles ne se joue pas au niveau législatif, mais dans des « actes délégués » de la Commission européenne. Qui s'y intéresse ?

* Voir chapitre 13, « L'impact du Pacte vert sur le reste du monde », p. 185.

Pas grand monde, ce qui laisse libre cours aux influences les plus conservatrices. Avec mon équipe, au Parlement européen, nous suivons de près la rédaction de ces actes délégués pour éviter que les ambitions initiales ne soient rabotées… avant même d'avoir existé !

TROISIÈME PARTIE

L'Europe, le Pacte vert et le monde

CHAPITRE 12

Le Pacte vert est-il compatible avec le libre-échange ?

C'est un paysage de carte postale. Des centaines de moutons paissent dans une prairie à l'herbe vert clair avec en fond des montagnes aux sommets enneigés. Bienvenue en Nouvelle-Zélande, où l'on compte 25 millions de moutons pour 5 millions d'habitants ! Est-il pertinent ou absurde, d'un point de vue environnemental, que ces moutons se retrouvent dans nos assiettes, à l'autre bout du monde ?

C'est l'une des questions auxquelles j'ai cherché à répondre lorsque nous avons voté, en novembre 2023, la ratification de l'accord commercial entre l'Union européenne et la Nouvelle-Zélande. La réponse m'a été fournie par l'Institute for European Environment Policy (IEEP). Ce *think tank* a analysé les émissions de CO_2 d'un mouton élevé en plein air de manière extensive en Nouvelle-Zélande, y a ajouté les émissions associées à la transformation, au packaging et au transport des produits issus du mouton jusqu'en Europe. Et les a comparées au CO_2 émis par l'élevage de moutons en Europe. Le résultat n'est pas conforme à l'intuition de chacun : la moyenne de CO_2 par kilo de viande ovine y est de 14,8 kgCO2eq/kg contre une moyenne de 32,7 kg CO2eq/kg en Europe.

Les relations complexes du climat et du commerce

Le lien entre le climat et le commerce est donc plus complexe qu'il en a l'air. Surtout au regard de la façon dont le débat se pose en France, à la différence de nos voisins européens. Chez nous, de l'extrême gauche à l'extrême droite, il existe un quasi-consensus culturel contre les accords commerciaux. À l'inverse, dans les pays scandinaves, mais aussi en Allemagne ou en Europe centrale, le commerce est presque vu comme une fin en soi. Car qui dit échanges dit paix et prospérité !

Derrière ces visions, culturellement très différentes et qui remontent loin dans notre histoire européenne commune, se cache une réalité économique simple à comprendre. La France est en situation de déficit commercial chaque année depuis le début des années 2000. L'Allemagne en situation d'excédent commercial massif. En 2022, plus de la moitié du PIB allemand était exportée contre 34 % en France. Autrement dit, chaque fois que l'on augmente les échanges, il y a statistiquement plus de chances pour la France de voir son déficit augmenter et pour l'Allemagne son excédent se renforcer ! À l'échelle européenne, notre balance commerciale est excédentaire : 21,2 milliards d'euros d'excédent en 2024. Il est donc aisé d'en conclure, comme le fait la Commission européenne, que l'Europe a tout à gagner à un monde plus ouvert.

Je partage l'analyse consistant à ne pas tomber dans une posture de fermeture commerciale. Mais, depuis mon élection en 2019, j'ai cherché, avec la complicité de quelques collègues dont Marie-Pierre Vedrenne, membre active de la commission du Commerce international du Parlement européen, à définir dans quelles conditions commerce et climat pouvaient faire bon ménage. En 2022, nous gagnons une première bataille. La doctrine européenne en matière d'échanges commerciaux évolue. Dorénavant, l'Europe ne négociera plus que des accords commerciaux qui intègrent deux éléments techniques fondamentaux du point de vue climatique. Le premier consiste à faire de l'accord de Paris sur le climat une clause dite « essentielle » de l'accord commercial. Concrètement, cela signifie que, si l'une des parties se retire de l'accord de Paris, l'accord commercial est suspendu. Le second élément est de rendre sanctionnable le non-respect des chapitres dits « développement durable » des accords commerciaux. Ces chapitres contiennent depuis longtemps des clauses sociales et environnementales qui, sur le papier, sont formidables. Seul problème ? Elles ne font l'objet d'aucun mécanisme de sanction si elles ne sont pas suivies d'effet. Autant dire que leur impact dans le monde réel est assez faible... La donne change avec la nouvelle doctrine : le non-respect de ces clauses doit pouvoir être sanctionné et mener à la remise en question des préférences commerciales contenues dans l'accord.

« Donner des dents » à l'accord de Paris

Ensemble, ces deux changements sont très importants car ils donnent, en quelque sorte, force de loi à l'accord de Paris sur le climat. J'ai compris la portée de cette avancée après avoir reçu dans mon bureau, en 2019, la puissante patronne de la direction générale du commerce de la Commission européenne, Sabine Weyand. Elle défend devant moi une analyse simple : « L'accord de Paris sur le climat n'est pas juridiquement contraignant. Si les États avaient voulu qu'il le soit, ils auraient pu le décider. Ils ne l'ont pas fait. Ce n'est donc pas à un accord commercial de jouer ce rôle. » Raisonnement juridiquement implacable. Mais ce qui n'est politiquement pas possible à 190 États dans le cadre d'une négociation onusienne peut le devenir dans une négociation bilatérale avec un partenaire commercial puisque, justement, la position officielle de l'Union européenne dans la négociation climatique était de rendre l'accord de Paris juridiquement contraignant. Donc faisons-le là où nous en avons les moyens. Et ces moyens, ce sont justement les accords commerciaux !

Je sors de ce rendez-vous convaincu de la portée de ce que nous sommes en train de négocier avec la Nouvelle-Zélande. Pour la première fois au monde, un accord commercial va intégrer le climat en son cœur et, de fait, « donner des dents » à l'accord de Paris. Lorsque l'accord Nouvelle-Zélande est finalisé, en octobre 2022, et vient pour ratification devant le Parlement européen, je le vote des deux mains. Et je constate que la très grande majorité des députés verts du Parlement européen ont fait de même, notamment mes collègues allemands. Mais pas les députés verts français, pour qui un mouton néo-zélandais traversant la planète reste un symbole antiécologique indépassable.

Quelques mois plus tard, en février 2024, nous devons nous prononcer sur l'accord signé avec le Chili. Je regarde donc si l'accord contient bien les mêmes clauses. C'est quasiment le cas puisque les deux parties s'engagent juridiquement à les négocier d'ici l'année suivante. Mais, si nous signons cet accord avant d'avoir finalisé la négociation de cet élément spécifique, c'est qu'il y a une urgence, justement liée au Pacte vert. En effet, qui dit transition écologique dit utilisation importante de matières premières critiques, comme le lithium pour produire les batteries électriques et remplacer ainsi le pétrole et le gaz. La géopolitique commerciale de la transition est très différente de celle des énergies fossiles. Pour produire nos batteries, nous avons besoin de matières premières que l'on trouve essentiellement au Chili, en Australie, en Indonésie, au Brésil ou encore en République démocratique du Congo. Aucun de ces pays n'est une puissance pétrolière. Mais ce sont des puissances minières. Et nous cherchons avec eux à sécuriser notre approvisionnement pour nous rendre moins dépendants de la Chine.

Nous devons donc signer des accords qui diminuent les droits de douane et nous permettent d'acheter à moindre coût ces matières premières, tout en parvenant à éviter les interdictions d'exportations, comme c'est le cas pour la bauxite et le nickel en provenance d'Indonésie. Mais les pays avec lesquels nous négocions ne sont pas stupides : ils connaissent leur force dans cette nouvelle géoéconomie de la transition. Leur exigence est légitime : non seulement extraire le minerai, mais aussi le transformer sur place pour créer des emplois et de la valeur ajoutée dans le raffinage. C'est ce que prévoit l'accord avec le Chili, et c'est une exigence forte de l'Indonésie avec laquelle une négociation est en cours. Bien sûr, notre stratégie vis-à-vis des matières premières nécessaires à la transition ne se résume pas à signer des accords commerciaux. Cependant, ne pas reconnaître cette nouvelle réalité, c'est à mes yeux manquer de cohérence. On ne peut pas vouloir des voitures zéro émission, des batteries non chinoises… et fermer la porte aux accords avec les seuls pays au monde capables de nous y aider !

Le serpent de mer du Mercosur

J'ai donc voté, comme la très grande majorité du Parlement européen, en faveur de l'accord avec la Nouvelle-Zélande et avec le Chili. Mais la situation est très différente en ce qui concerne une autre négociation, plus connue du grand public : celle de l'accord avec les pays du Mercosur (Brésil, Argentine, Uruguay, Paraguay, Bolivie).

Ce dossier est un serpent de mer. Le mandat de négociation a été donné par les États à la Commission européenne… en 2000. Pour la France, le Premier ministre qui a donné son feu vert s'appelait… Lionel Jospin. À l'époque, pas un mot pour les forêts amazoniennes ni pour le climat. Quand on lit le discours de Lionel Jospin prononcé le 6 avril 2001 à Brasília*, on mesure à quel point, en vingt-cinq ans, la donne a changé. Comment concilier une négociation vieille de vingt-cinq ans et la nouvelle doctrine européenne sur les accords commerciaux élaborée en 2022 ? La réponse tient dans une expression admirablement technocratique : « un protocole additionnel ». Puisque les États du Mercosur ne veulent pas changer les bases de négociation, l'Europe négocie sur les bases de son mandat historique mais exige un « protocole additionnel » qui intégrera les enjeux climatiques et environnementaux dans les mêmes termes que ceux de l'accord avec la Nouvelle-Zélande.

L'enjeu n'est pas mince. Le Brésil a perdu 20 % de ses forêts tropicales depuis 1970. À tel point que la partie sud-est

---

* Disponible à l'adresse : https://www.vie-publique.fr/discours/170512-lionel-jospin-06042001-cooperation-avec-bresil-mercosur-et-ue.

de l'Amazonie est devenue émettrice nette de CO_2 en 2021, au lieu d'être l'un des puits de carbone les plus importants au monde. C'est un changement majeur, non seulement à l'échelle du Brésil, mais de la planète entière, qui, à n'en pas douter, contribuera à accélérer encore plus le dérèglement climatique. Donner davantage de quotas et baisser les droits de douane des produits agricoles issus de la déforestation de l'Amazonie est incontestablement incompatible avec notre volonté d'agir pour le climat. Et, contrairement au mouton néo-zélandais, je n'ai croisé personne depuis 2019 capable de me démontrer que ce n'était pas le cas !

Or les pays du Mercosur ont refusé de donner à ce protocole additionnel une valeur juridique contraignante. Ils sont prêts à revenir à la période des déclarations d'intention mais pas à aller plus loin… malgré les positions progressistes de Lula, le président du Brésil, depuis 2022, sur le climat et la protection des forêts. La présidente de la Commission européenne a finalement clôturé les négociations du Mercosur en décembre 2024. Des avancées sont à noter : l'accord de Paris y figure bien en tant que clause essentielle, donc si le président argentin, proche de Donald Trump, décidait de sortir de l'accord climat, les avantages liés à l'accord commercial seraient suspendus pour l'Argentine. C'est une avancée importante qui a peut-être pesé dans la décision de Javier Milei de ne pas suivre Trump en janvier 2025 lorsque celui-ci a, comme en 2016, retiré les États-Unis de l'accord de Paris.

En revanche, c'est la seule clause environnementale contraignante de l'accord. En particulier, il n'y a pas de mécanismes de sanctions graduelles qui permettent de rétablir des droits de douane si l'autre partie réduit son ambition climatique par exemple. Sur la question clé de la déforestation, le lien entre l'accord Mercosur et la loi européenne contre la déforestation importée (voir ci-après) n'est pas encore totalement clarifié. En toute logique, la loi sur la déforestation prévaut sur l'accord commercial. Autrement dit, une tonne de soja issue de la déforestation récente de l'Amazonie ne peut plus être vendue en Europe, alors même que l'accord commercial prévoit justement une suppression des droits de douane de ce même soja afin d'en augmenter les importations ! Cependant, l'accord prévoit un mécanisme potentiellement très dangereux : si un pays, en l'occurrence le Brésil, considère qu'une loi européenne vient annuler les bénéfices de l'accord Mercosur, alors des compensations doivent être décidées. Autrement dit, pour prendre cette fois l'exemple des mesures sanitaires dans l'élevage, nous mettons en place d'un côté des clauses miroirs qui pourraient aboutir à la fin des exportations brésiliennes de vaches élevées aux hormones ou aux antibiotiques de croissance… et, de l'autre, nous signons un accord qui nous obligerait à payer des compensations au Brésil ! Pour rendre la chose encore plus complexe, cette compensation ne tomberait pas du ciel : elle devrait être décidée d'un commun accord par un panel d'experts en droit international choisis à 50 % par les pays du Mercosur et à 50 % par l'Union européenne. Autrement dit, on peut imaginer qu'un consensus n'arrive jamais et que les compensations ne soient donc jamais versées.

Le débat sur la ratification de l'accord Mercosur arrive, en 2025, dans un contexte géopolitique transformé par les menaces permanentes de Donald Trump sur les droits de douane. Les partisans de l'accord, au premier rang desquels l'Allemagne, insistent sur la nécessité pour l'Europe de mettre en place très rapidement les baisses de droits de douane avec les pays du Mercosur pour compenser les pertes potentielles côté américain, et pour montrer que le reste du monde ne suit pas le président américain. Des tentations fortes existent au sein de la Commission européenne, pour les mêmes raisons, de multiplier les annonces de nouveaux accords, sans vraiment s'embarrasser des clauses environnementales. Même si je comprends la nécessité d'envoyer des signaux géopolitiques inverses à ceux de Donald Trump, je pense qu'abandonner à cette occasion la nouvelle doctrine que nous nous sommes fixée en 2022 serait, au fond, aller dans le sens de la vision du monde anticlimat du président américain.

Le lien entre le Pacte vert et le commerce mondial ne se limite pas à la signature – ou non – d'accords de libre-échange. Il a pris une dimension totalement inédite avec deux lois qui sont des premières mondiales : la loi mettant fin à la déforestation importée et le « mécanisme d'ajustement carbone aux frontières* ».

Mettre fin à la déforestation importée

Le concept de « déforestation importée » est simple à comprendre : lorsque je consomme une tasse de café ou de chocolat, je ne sais pas, aujourd'hui, si je contribue, sans le savoir et sans le vouloir, à la déforestation des forêts tropicales en Amérique du Sud ou en Afrique, puisque rien ne me dit que ce café ou ce cacao ne sont pas issus d'une région récemment déforestée pour planter des cultures d'exportation. Dès 2019, je fais de ce dossier une priorité, fortement soutenu par l'action de la France qui a été parmi les pionniers à s'attaquer à ce sujet avec la stratégie nationale contre la déforestation

* Voir chapitre 7, « Le Pacte vert, atout ou handicap pour la compétitivité ? », p. 93.

importée, adoptée en 2018. Mais ce premier pas politique ne pouvait être traduit dans les faits qu'en changeant les règles d'accès au marché européen. Ce n'est donc pas à Paris mais à Bruxelles qu'il fallait maintenant gagner la bataille. Comment réussir à faire adopter cette première mondiale ?

En tant que président de la commission de l'Environnement, je lance, dès septembre 2019, un rapport d'initiative législatif dans lequel le Parlement européen demande à la Commission non seulement de faire une loi sur le sujet, mais une loi qui ressemble à celle contenue dans les 39 pages du rapport. La présidente de la Commission européenne fraîchement élue, Ursula von der Leyen, venait de s'engager devant le Parlement européen à reprendre les rapports d'initiative législatifs dans son programme de travail. Dont acte. C'est ce rapport, voté en octobre 2020, et coordonné par Christophe Hansen, député luxembourgeois de centre droit devenu en 2024 le nouveau commissaire européen à l'Agriculture, qui va donner le *la*. Pour convaincre une majorité de mes collègues, je m'appuie sur les pratiques de quelques grandes entreprises de l'agroalimentaire qui ont pris des engagements, dès 2014, pour lutter contre la déforestation. Je reçois à plusieurs reprises dans mon bureau des représentants de Danone, d'Unilever et d'autres entreprises réunies au sein de l'alliance OP2B. Ces cadres dirigeants, sincèrement engagés dans ce combat, me décrivent la situation et m'apportent deux éléments clés.

Le premier est qu'ils savent « comment faire ». Ils ont progressivement intégré dans les contrats qu'ils signent avec leurs fournisseurs des clauses qui obligent ces derniers à leur transmettre les coordonnées GPS (aussi simplement que sur Google Maps !) de leurs exploitations. Les acheteurs savent ainsi d'où vient, par exemple, le café ou le soja qu'ils achètent.

Ils croisent ensuite ces coordonnées avec des cartes satellites et peuvent, en remontant quelques années dans le temps, s'assurer que leur approvisionnement est exempt de déforestation récente. Et si ce n'est pas le cas, ils peuvent mettre fin à la relation commerciale avec l'entreprise concernée. Et, cerise sur le gâteau, cela ne coûte pas cher puisque le prix des images satellites a considérablement baissé ces dernières années.

Le second élément est qu'ils ne peuvent atteindre totalement leur objectif, à savoir garantir à leurs clients des produits « zéro déforestation », car ils n'achètent en direct qu'une partie de leurs matières premières. Ils passent souvent par des traders, qui font l'interface entre les producteurs, au Brésil, en Indonésie, etc., et les acheteurs, en Europe, en Chine ou aux États-Unis. Or ces entreprises, comme Archer Daniels, Bungee, Cargill et Louis Dreyfus, très peu connues du grand public, ne sont pas spécialement engagées dans la lutte contre la déforestation, pour le dire de manière diplomatique. Elles rechignent donc à demander à leurs propres fournisseurs tous les éléments de traçabilité. De plus, garantir à Danone ou à Unilever un approvisionnement sans déforestation impliquerait d'avoir une organisation séparant, dès le champ, ce qui sera acheté plus tard par ces entreprises. Des coûts et de la complexité supplémentaires dans un contexte où un oligopole de quelques traders se partage le marché et fait de Danone et Unilever des clients captifs... Bref, toutes les conditions sont réunies pour que rien ne se passe et que les entreprises ne puissent pas atteindre leur objectif zéro déforestation. Résultat : les dirigeants qui sont dans mon bureau demandent une loi européenne pour obliger les traders à agir !

La proposition de la Commission arrive le 17 novembre 2021, quelques jours après la fin de la COP climat de

Glasgow durant laquelle Ursula von der Leyen a signé la « Déclaration des leaders pour la forêt et l'utilisation des sols ». Elle est portée par le commissaire lituanien Virginijus Sinkevičius, très engagé sur le sujet. Le texte correspond en de nombreux points à la proposition initiale du Parlement. Mais il pèche par un aspect essentiel : le trop faible niveau de contrôle et de sanction en cas de non-respect des règles du jeu. Or c'est une question clé pour le Pacte vert. Établir des règles qui sont contournées par les entreprises exportant vers l'Europe constitue un double échec : échec à agir pour de vrai en faveur de l'environnement, et échec à garantir des conditions de concurrence équitables à nos propres entreprises.

C'est donc une bataille que je mène avec l'équipe de négociation du Parlement jusque dans la toute dernière nuit du dernier trilogue. Nous finissons par nous mettre d'accord sur une approche différenciée en fonction du pays d'origine des produits agricoles : 9 % des importations seront contrôlées de manière aléatoire pour les pays les plus à risque ; 3 % pour les pays à risque standard ; 1 % pour les pays à faible risque. Ces taux de contrôle sont bien plus élevés que la moyenne pour les produits du bois par exemple : sans obligations légales spécifiques, les contrôles sont de l'ordre de 0,01 % ! Et le fait de prendre en compte le chiffre d'affaires européen pour les sanctions neutralise toute tentative de faire arriver sa cargaison dans un « petit » marché au lieu d'un grand. Concrètement, que la fraude soit repérée à Rotterdam, à Hambourg ou au Havre, elle sera sanctionnée de la même façon. Par ailleurs, pour éviter que les douanes européennes ne puissent jamais remonter jusqu'à l'exportateur final en raison d'une éventuelle série de sociétés-écrans, dont certaines peuvent être basées dans des paradis fiscaux, la loi fait porter la sanction sur l'importateur, qui est forcément connu des administrations européennes.

Cette loi est un modèle du genre et est saluée comme telle tant par les ONG que par les entreprises de l'agroalimentaire, qui nous ont aidés à la bâtir depuis le premier jour. Elle soumet les règles commerciales et l'entrée sur le marché européen au respect de la non-déforestation. Aucune loi au monde n'est allée aussi loin. Et c'est justement pour cela qu'elle fait l'objet dès son adoption de critiques très fortes de la part des pays exportateurs, au premier rang desquels le Brésil et l'Indonésie, qui y voient une ingérence indue de l'Europe dans leur modèle économique.

À l'automne 2024, cette loi a fait l'objet d'une attaque en règle du PPE au Parlement européen, et notamment de la CDU. La Commission ayant pris du retard dans la préparation de la loi, avant son entrée en vigueur prévue au 1er janvier 2025, elle décide de proposer au Parlement et aux État membres de repousser d'un an sa mise en œuvre. En octobre, elle publie un amendement qui se contente de changer la date sans modifier quoi que ce soit au reste du texte. C'est le compromis que nous avions négocié : nous soutiendrons le report d'un an, que l'on soit convaincu ou non de sa nécessité, à condition de ne pas toucher au contenu de la loi. Ce compromis est passé avec la présidente de la Commission européenne elle-même. Il nous est confirmé par le PPE en commission de l'Environnement. Mais tout change lorsque nous arrivons pour validation en plénière. Là, Manfred Weber décide de rompre l'accord passé avec Ursula von der Leyen, qui appartient pourtant au même parti que lui. Le PPE dépose des amendements qui vident totalement le texte de son contenu. Au nom de Renew, je négocie le fait de ne pas nous opposer à certains amendements en échange du retrait des plus mauvais. L'accord se fait la veille du vote en plénière. Les pires amendements sont retirés par le PPE. Ceux qui restent sont votés avec une majorité de droite et d'extrême droite mais, heureusement, ils ne survivront pas à la négociation finale avec le Conseil, qui s'en tient à l'accord passé avec la Commission et ne veut en aucun cas entendre parler d'une modification plus large que le seul report. Résultat : la loi déforestation est inchangée et entrera en vigueur un an plus tard que prévu, le 1er janvier 2026. Cette gesticulation du PPE s'explique par la campagne électorale allemande qui se déroule en parallèle, où la CDU voulait montrer aux forestiers allemands qu'elle était prête à tout pour supprimer les obligations qui pèsent dorénavant sur eux en matière de transparence. Ce fut la première attaque contre l'un des textes clés du Pacte vert, après les élections européennes de juillet et la nouvelle donne politique.

Avec la loi contre la déforestation importée, le mécanisme d'ajustement aux frontières, les clauses miroirs, et les accords commerciaux de nouvelle génération, nous disposons d'une boîte à outils qui nous permet de donner corps, concrètement, au concept de « juste échange ». Une vision qui sort des discours « anticommerce », sans tomber dans une forme de libre-échange naïf. Un point d'équilibre de plus en plus rare dans le débat politique français, mais auquel je crois profondément.

CHAPITRE 13

L'impact du Pacte vert européen sur le reste du monde

« L'Europe représente 6 % des émissions mondiales de gaz à effet de serre. Au fond, qu'est-ce que cela change pour le climat que l'Europe soit neutre en carbone ou pas ? » C'est la question qui revient régulièrement dans nos débats. Ce chiffre, factuellement exact, est souvent rappelé par les responsables politiques de droite et d'extrême droite pour justifier notre propre inaction climatique.

Que répondre à cet argument ? Tout d'abord, si l'on prend non pas les émissions actuelles, mais le cumul de ses émissions historiques, l'Europe pèse beaucoup plus. Nous sommes ainsi les troisièmes plus gros émetteurs en termes cumulatifs depuis 1850 et les débuts de la révolution industrielle, la Chine venant juste de nous dépasser en 2023. Cela s'explique par le fait que la révolution industrielle est née en Europe et que, pendant des décennies, nous avons quasiment été les seuls au monde, avec les États-Unis, à émettre du CO_2. Une autre façon de regarder les chiffres est de prendre en compte les émissions par habitant, et non par pays. Alors, même aujourd'hui, les émissions de CO_2 d'un Européen restent plus de trois fois plus élevées que celles d'un Indien (7,25 tonnes/habitant dans l'Union européenne contre 2,1 tonnes/habitant en Inde), et équivalentes depuis quelques années à celles d'un Chinois. Ce double raisonnement – responsabilité historique et analyse par habitant et non par pays – est au cœur de ce que l'on appelle la « justice climatique ». Dans les négociations internationales des COP, les ONG comme les pays du Sud nous le rappellent régulièrement. L'Europe doit faire sa juste part, et cette juste part ne se résume pas à ses émissions actuelles. D'un point de vue éthique, cela est incontestable et justifie que nous fassions partie des leaders pour agir en faveur du climat.

Un impact bien supérieur à nos 6 % d'émissions

Mais la question de la responsabilité n'épuise pas le débat. Car, pour une entreprise européenne confrontée à la concurrence chinoise, c'est un débat bien théorique. Et cela ne dit rien de notre capacité à générer un changement plus important que nos seules émissions directes. Il est donc essentiel de pouvoir montrer que ce que nous faisons en Europe a non seulement un impact chez nous, mais aussi dans le reste du monde et va bien au-delà des fameux 6 % des émissions mondiales. Et c'est justement le cas !

Prenons l'exemple du mécanisme d'ajustement carbone aux frontières (MACF) que nous avons adopté en décembre 2022 et qui sera mis en œuvre à partir de 2026. Comme nous mettons en place un prix du carbone aux frontières de notre marché et que nous conservons l'essentiel des recettes prélevées aux douanes, les pays exportateurs des biens couverts par le MACF sont fortement incités à mettre eux-mêmes en place un prix du carbone. Dans ce cas, l'argent restera chez eux au lieu de venir alimenter le budget européen !

C'est ce raisonnement qui a conduit le Japon à mettre en place progressivement, entre 2023 et 2026, son propre marché du carbone, et la Turquie à lancer les travaux pour avoir son propre système en 2025. Bien entendu, il serait abusif de dire que c'est le seul argument. Mais, dans le cas du Japon, dont on connaît les tensions avec la Chine, se doter d'un tel prix du carbone, c'est à la fois éviter que l'argent reste en Europe et se donner la possibilité d'instaurer son propre mécanisme aux frontières, et donc imposer un prix du carbone aux importations chinoises. Et le cas n'est pas isolé puisque le Royaume-Uni a décidé de mettre en place un outil équivalent à partir de 2027. La concomitance de toutes ces dates avec le calendrier d'entrée en fonction du mécanisme européen n'est pas un hasard. On le voit de manière concrète : lorsque l'Europe crée une première mondiale comme le MACF, elle fait des émules qui démultiplient l'impact de sa propre mesure.

Un autre argument tient dans la structure même de l'économie européenne. Notre marché unique de 450 millions de consommateurs est l'un des plus importants au monde. Autrement dit, parce que nous avons l'économie la plus ouverte au commerce mondial, et parce que nos pays sont parmi les plus riches du monde, notre marché est incontournable pour toutes les entreprises chinoises, américaines, coréennes, japonaises… Aucune d'entre elles ne peut se passer du marché européen. Cela manque certainement de poésie, mais, si l'on cherche à établir un rapport de force, c'est assez efficace ! À condition de penser le marché unique européen non pas simplement comme un outil d'ouverture et de concurrence, mais comme un outil de puissance géopolitique et géoéconomique. C'est exactement la vision que je porte et que nous avons fait avancer dès 2019 depuis le Parlement européen. Cette approche de l'Europe-puissance qui n'a pas peur d'imposer des normes d'accès à son marché se reflète non seulement dans la mise en place du mécanisme d'ajustement carbone aux frontières, mais aussi dans le règlement contre la déforestation importée. Par construction, les impacts de ce dernier texte se trouvent dans les pays qui exportent chez nous du café, de l'huile de palme, du soja, etc. Et c'est là où l'impact de ce que nous décidons en Europe prend une dimension mondiale. Pour le mesurer, allons au Vietnam, deuxième producteur mondial de café.

Comment du café cultivé au Vietnam et consommé aux États-Unis respectera une règle définie… en Europe !

Pour se mettre en conformité avec le texte européen et donc pouvoir continuer à exporter en Europe, les petits exploitants, majoritaires au Vietnam, ont bénéficié d'un accompagnement technique du ministère de l'Agriculture vietnamien avec l'association du secteur (Vietnam Coffee and Cocoa Association) afin de respecter les demandes de la loi européenne. Les gains pour le climat et la biodiversité sont évidents. Mais le Vietnam n'exporte que 40 % de sa production de café vers l'Europe, et la plupart des exploitants vendent aussi vers d'autres destinations importantes comme les États-Unis. Or les producteurs de café vietnamiens qui se sont mis en conformité avec la loi européenne ne vont pas changer leurs méthodes de production uniquement pour une partie de leurs exportations de robusta. La plupart d'entre eux vont donc passer en mode zéro déforestation sur la totalité de leur exploitation. Résultat : du café cultivé au Vietnam et consommé aux États-Unis respectera une règle définie… par l'Europe ! C'est ce que de nombreux acteurs politiques et économiques des pays non européens appellent l'« effet Bruxelles ». Paradoxalement, cet effet Bruxelles est bien plus connu et compris, pour le saluer ou pour le critiquer, en dehors de l'Europe qu'à l'intérieur de notre Union. Car, si beaucoup de nos responsables politiques nationaux sont au rendez-vous des médias pour faire de l'Europe un bouc émissaire, ils sont bizarrement moins nombreux pour en expliquer l'impact positif dans le monde…

L'impact du Pacte vert en dehors de nos frontières se mesure également à notre capacité à limiter les effets négatifs de notre activité économique sur l'environnement dans les pays tiers. Par exemple, la pollution plastique. Tout le monde a vu ces images de décharges sauvages sur les côtes africaines où des déchets s'entassent autour des habitations, servant de terrain de jeux aux enfants… jusqu'à ce qu'elles s'écroulent sous leur propre poids, engloutissant parfois des êtres humains, comme lors de l'effondrement en 2017 d'une décharge à Addis-Abeba, ayant fait une centaine de morts, ou bien en Ouganda en 2024. Sans même parler de la pollution quotidienne que dégagent ces produits en se décomposant peu à peu…

Quel rapport avec le Pacte vert, me direz-vous ? Eh bien, malheureusement, une partie de ces déchets sont… les nôtres. Si l'Union européenne traite elle-même l'essentiel de ses déchets, plus de 30 millions de tonnes sont exportées vers des pays tiers chaque année. En 2021, la Commission européenne propose de revoir les règles qui encadrent les exportations de ces déchets. Après deux ans de négociation, nous aboutissons aux normes suivantes : aucun déchet plastique ne pourra plus être exporté vers un pays non membre de l'OCDE*. Cette interdiction portait jusqu'à présent uniquement sur les plastiques dangereux. Or le danger ne vient pas seulement du produit lui-même, mais de l'absence de capacité de traitement dans les pays concernés.

Reste le cas épineux de la Turquie. Ce pays, membre de l'OCDE, est l'un des principaux canaux par lesquels nos déchets plastiques sortent d'Europe, pour ensuite être exportés de nouveaux dans des pays plus pauvres et finir dans les décharges sauvages. Nous souhaitons donc interdire ces exportations vers la Turquie. Mais les choses se compliquent pour des raisons juridiques. La Turquie est membre de l'OCDE, et l'Europe s'est engagée dans la convention de Bâle sur le contrôle des mouvements transfrontières de déchets dangereux à traiter de la même manière tous les pays de l'OCDE. Isoler juridiquement la Turquie des autres pays de l'OCDE dans la loi européenne revient à nous mettre nous-mêmes en contradiction avec un traité que nous avons ratifié… et donne donc la possibilité à la Turquie de nous attaquer en justice et de faire tomber la loi. Le compromis final donne la base légale à la Commission européenne pour interdire les exportations de déchets plastiques vers un pays OCDE qui causeraient de graves problèmes environnementaux ou de santé publique. Nous n'interdisons pas tout de suite les exportations vers la Turquie, mais nous donnons

* L'OCDE, dont le siège est à Paris, regroupe les 30 États les plus riches de la planète.

la possibilité à la Commission de le faire après une analyse objective. L'impact ne sera pas forcément visible chez nous, mais bien concret pour ces pays.

Éviter un nouveau Rana Plaza

Il en est de même pour la loi sur le « devoir de vigilance » des entreprises inspirée par la loi française adoptée en 2017. Son objectif est d'éviter un nouveau Rana Plaza, lorsque 1 138 personnes ont perdu la vie dans l'effondrement d'un bâtiment regroupant des ateliers de confection textile liés à la *fast fashion* au Bangladesh. Les enquêtes qui ont suivi ont montré qu'elles fabriquaient des vêtements pour diverses marques européennes, telles que Mango ou Primark. Bien sûr, ces marques ne sont pas directement responsables de l'effondrement de l'usine au Bangladesh. Mais ont-elles vraiment tout fait pour s'assurer que leurs chaînes d'approvisionnement respectaient des normes minimales en matière de sécurité des travailleurs, de conditions de travail décentes ou encore de protection de l'environnement ? C'est tout l'enjeu du devoir de vigilance, qui impose aux très grandes entreprises vendant en Europe de s'assurer que les produits qu'elles mettent sur le marché ne proviennent pas, par exemple, de travail forcé ou de travail des enfants, ou que les entreprises qui fabriquent les vêtements au Vietnam ou en Turquie n'ont pas généré une pollution en rejetant massivement leurs effluents dans les rivières alentour.

Cette loi fait l'objet de débats enflammés : s'agit-il d'une pièce maîtresse pour aller vers un capitalisme plus responsable ou d'une contrainte qui va affecter la compétitivité des entreprises européennes en les obligeant à sortir des pays dans lesquels elles ne peuvent pas garantir le respect par leurs nombreux sous-traitants des pratiques de base sur le plan social comme environnemental ? Tout au long de la négociation, qui a duré de février 2022 à avril 2024, j'ai soutenu une approche ambitieuse mais qui reste praticable. À titre d'illustration de ce point d'équilibre, je n'ai pas soutenu la proposition consistant à rendre légalement responsables les entreprises de la baisse des émissions de CO_2 de leurs sous-traitants, car l'exercice est réellement impossible à réaliser pour une entreprise, à la différence de la vérification factuelle de l'absence de travail des enfants dans les ateliers par exemple.

La loi sur le devoir de vigilance allait connaître un nouveau rebondissement, avant même son entrée en vigueur prévue pour 2026. Elle fut identifiée à partir de la campagne des élections européennes de 2024 comme une des cibles principales du grand mouvement dit « de simplification de la bureaucratie » que l'Union européenne était accusée de créer. À la fin de l'année 2024, Ursula von der Leyen reprend cette idée et promet de la « simplifier » considérablement. La proposition législative qui s'ensuit au printemps 2025 n'est pas de la simplification, mais la suppression même de l'esprit du devoir de vigilance. Après le drame du Rana Plaza, il était devenu évident qu'en cas de litige la responsabilité juridique de l'entreprise qui passait la commande commerciale, par exemple une grande chaîne textile européenne, devait être engagée devant des tribunaux en Europe, et non au Bangladesh ou au Vietnam sur la base des lois locales. Or la proposition dite « simplifiée » revient sur ce principe pour renvoyer tout litige aux tribunaux européens… sur la base du droit local et non des conventions internationales. Bref, l'inverse du principe même du devoir de vigilance, tel que défini par les grands principes de l'OCDE, qui n'est pas à proprement parler une organisation de gauche révolutionnaire…

J'ai été nommé, au printemps 2025, par mon groupe politique pour négocier cette nouvelle proposition législative. Au moment où j'écris ces lignes, les négociations sont en cours, et nous aboutirons à une nouvelle version de la loi avant la fin de l'année 2025. Il m'est donc impossible de prédire le point d'arrivée final. En revanche, je peux témoigner de la pression venant notamment de la nouvelle administration Trump qui n'a aucune envie de voir les entreprises américaines être soumises au devoir de vigilance. Or, et c'est un enjeu clé de ce texte comme de beaucoup d'autres du Pacte vert, la loi européenne s'applique aussi aux grandes entreprises américaines qui vendent leurs produits chez nous ! Cela est nécessaire pour ne pas leur donner un avantage vis-à-vis de nos propres entreprises qui seraient alors soumises à des règles plus strictes sur leur propre marché que leurs concurrents. Nous avons reçu depuis le début de l'année 2025 plusieurs courriers de membres du Congrès américain indiquant qu'ils prendront toutes les dispositions législatives pour s'opposer à la mise en œuvre par les filiales européennes, par exemple de Coca-Cola ou de Disney, de leur devoir de vigilance. La bataille des normes est ici moins visible que la bataille commerciale des droits de douane. Mais elle est bien là, et, dans cette négociation, je n'ai pas l'intention d'abandonner notre souveraineté !

On le voit à travers ces quelques exemples, l'impact du Pacte vert va bien au-delà des frontières européennes. Mais, soyons clairs, l'Europe seule ne résoudra pas les problèmes climatiques mondiaux. C'est pour cela que nous continuons plus que jamais à avoir besoin d'une action concertée à l'échelle internationale, notamment lors les COP annuelles. Celle qui se tiendra en novembre 2025 au Brésil aura une résonance particulière, car elle marquera les dix ans de l'accord de Paris, qui a posé le cadre de la gouvernance mondiale du climat. 2025 est la date limite pour la présentation par tous les États de leur nouvelle contribution climat pour la période 2025-2035. Et c'est dans ces négociations que l'impact du Pacte vert se mesure également. Si l'Europe n'est pas elle-même crédible dans la réduction de ses émissions de CO_2, comment peut-elle faire pression sur les autres pays pour aller plus vite et plus loin ? Cela passe par les règles que nous nous fixons, mais aussi par l'aide publique au développement. Ce que l'on appelle l'« équipe Europe », à savoir les États membres et la Commission, est le plus grand bailleur d'aides publiques au développement au monde, très loin devant les États-Unis, même avant le désengagement trumpiste symbolisé par la suppression de l'agence USAID. Ce sont au total près de 100 milliards d'euros qui sont donnés ou prêtés chaque année par l'Union et ses États membres aux pays qui en ont le plus besoin. Aligner notre aide publique avec le Pacte vert est donc un moyen important de maximiser notre impact et de pousser nos partenaires à réaliser la transition de leur économie. C'est un outil d'influence dont nous ne mesurons pas toujours nous-mêmes l'impact.

Le leadership européen fait toujours débat au Parlement européen. Faut-il, pour des raisons économiques et éthiques, que l'Europe mène l'action climatique mondiale ou au contraire qu'elle se cale sur les autres ? Le virage complet engagé par l'administration Trump doit-il nous conduire à diminuer également notre action pour le climat ou, au contraire, à l'accélérer ? La réponse éthique ne fait aucun doute. La réponse économique tient dans notre capacité à créer des politiques publiques qui assurent une concurrence équitable à nos industriels et à nos agriculteurs, et à être convaincus qu'agir pour le climat n'est pas seulement notre devoir ; c'est aussi notre intérêt économique puisque notre continent est dépourvu d'énergies fossiles. Une chose est certaine : plus nous allons avancer dans la transition écologique, plus cette question sera centrale.

CHAPITRE 14

La Chine, amie ou ennemie du Pacte vert européen ?

Nous sommes en novembre 2023. Alors que nous négocions la nouvelle loi pour réduire les emballages mis sur le marché et améliorer leur recyclage, mes équipes échangent avec les représentants d'une grande entreprise française spécialisée dans la gestion des déchets. Il ressort de leur discussion un sujet qui m'atterre. Nous importons de plus en plus de faux plastiques recyclés depuis la Chine. Ce plastique est en fait de la matière vierge, moins chère à produire que la matière recyclée, vendue à nos industriels comme « verte », ce qui permet aux fraudeurs de réaliser une belle marge*...

Je dépose alors un amendement interdisant l'importation de plastique recyclé s'il ne peut pas prouver qu'il est recyclé, ce qui s'analyse facilement grâce à des tests en laboratoire. Cet amendement est voté à l'unanimité au Parlement. Quelques semaines plus tard, nous commençons les négociations finales avec le Conseil et la Commission. Et ce sujet sera l'un des derniers sur lesquels nous parviendrons à nous mettre d'accord car, au sein de la Commission, la direction générale du Commerce pousse de tout son poids pour

* Voir chapitre 11, « Vers une économie européenne zéro déchet », p. 154.

garder le marché européen ouvert. À l'issue des neuf heures de négociation finale, l'équipe du Parlement obtient l'introduction d'une clause miroir pour le plastique recyclé. S'il est produit en Chine, il devra respecter les mêmes conditions et les mêmes exigences que celui produit en Europe. Un système de vérification et de certification assurera l'équivalence des règles appliquées dans le cas où le contenu recyclé est produit en dehors de l'Union. Nous avons maintenant l'arsenal juridique pour mettre fin à l'importation de faux plastique recyclé chinois et assurer une concurrence équitable aux entreprises européennes du recyclage.

Pas un dossier du Pacte vert n'échappe à la problématique chinoise. Pour essayer d'y voir plus clair, classons la nature des problèmes que l'Europe rencontre avec la Chine.

Lutter contre la fraude

Le premier relève de la fraude, comme je l'ai découvert dans le cas du plastique faussement recyclé. Pour lutter contre celle-ci, il faut agir en se dotant de moyens de contrôle supplémentaires là où les produits chinois entrent sur le marché européen. Aujourd'hui, la concurrence entre les ports est sévère, et, si l'un d'entre eux se distingue par des contrôles plus fréquents ou plus efficaces, il sera aisé pour l'entreprise chinoise de détourner ses cargaisons vers un autre port, moins regardant. Les fraudeurs ont donc encore de beaux jours devant eux, sauf si nous prenons enfin le problème à bras-le-corps. C'est l'une des priorités de mon deuxième mandat. Je travaille, avec Stéphane Séjourné à la Commission européenne, à ce que nous puissions créer un corps de douane européen qui sera présent pour assurer une meilleure coordination entre les grandes portes d'entrée de la fraude en Europe que sont les principaux ports et aéroports.

La difficulté avec la fraude aux réglementations sanitaires ou environnementales, c'est qu'elle ne se voit pas immédiatement. Prenons un nouvel exemple venant de Chine. Fin 2023, la Fédération des industriels européens du jouet achète 19 jouets sur la plateforme chinoise de vente en ligne Temu, connue pour son marketing ultra-agressif et ses prix dérisoires. Une fois arrivés en Europe, les jouets sont passés au crible. Résultat des analyses : 95 % d'entre eux ne respectent pas la norme CE destinée à garantir la sécurité des jouets pour nos enfants. Ces jouets comportaient des risques de coupure, d'étouffement et même d'intoxications.

Il n'y a pas une solution miracle car les tentatives de fraudes existeront toujours, mais nous sommes loin d'avoir tout essayé alors que les volumes concernés, on le sait, ont explosé. Une première étape est de mettre en place des droits de douane sur ces colis en levant la règle qui exempte de tels droits les colis dont la valeur est inférieure à 150 euros. C'est ce qui est en cours de négociation en Europe pour une mise en œuvre en 2026. La fin de cette exemption est bienvenue pour deux raisons : la première est que la nouvelle règle va permette de lever des fonds additionnels qui vont venir financer la lutte contre la fraude ; la seconde est que nous mettons fin à une situation pour le moins contre-productive pour nos entreprises européennes car celles-ci sont soumises aux droits de douane lorsqu'elles importent de grandes quantités de jouets ou de matière première nécessaire à la fabrication des jouets en Europe, mais leurs concurrents chinois sont exemptés de ces droits de douane lorsqu'ils vendent ce même jouet sur Temu !

La deuxième étape est de rendre les plateformes de vente en ligne, comme Amazon ou Temu, légalement responsables de la conformité avec nos standards des produits qu'elles contribuent à vendre massivement en Europe. Lorsqu'un restaurant est contrôlé par la DGCCRF et que les inspecteurs identifient une lacune mettant en risque la santé des clients, le restaurant ferme le temps de se mettre en conformité. Lorsque Temu vend des jouets illégaux… il ne se passe rien. Temu, comme Amazon, argue qu'il n'est pas responsable car il ne fait que mettre en contact une offre et une demande. Mais on pourrait tout à fait imaginer que, lorsqu'une tricherie systémique est organisée – et c'est le cas des jouets quand on atteint des niveaux de non-conformité de 95 % ! –, la loi européenne oblige Temu à faire le ménage dans les offres que la plateforme promeut.

Enfin, comme nous ne mettrons jamais un douanier derrière chaque colis, la meilleure solution reste de ne pas acheter ces produits à risque sur Temu !

Des produits ultrasubventionnés

La deuxième catégorie de problèmes n'a rien à voir avec la fraude. C'est la concurrence, sur des produits légaux, faite par les produits chinois qui arrivent moins chers que leurs compétiteurs européens. La situation est alors plus complexe qu'il n'y paraît, car, sur ce sujet, les intérêts de nos entreprises industrielles se fissurent. Prenons l'exemple de l'acier. Je visite, à la fin de l'été 2024, l'usine sidérurgique d'ArcelorMittal à Dunkerque. Ce site émet à lui seul 15 % des émissions de carbone industrielles françaises ! Les dirigeants m'alertent.

Ils perdent des parts de marché face à la concurrence chinoise indûment subventionnée à leurs yeux. « Que leur prix de vente soit inférieur à notre coût de production n'est physiquement pas possible », m'explique le directeur du site. Mais, si l'acier chinois est vendu en Europe, c'est parce qu'il trouve des acheteurs, comme les constructeurs automobiles européens. Les difficultés des uns font donc le bonheur des autres, et la Chine excelle à nous diviser. L'un des exemples les plus récents en date est l'affaire des tarifs douaniers sur les voitures électriques.

En septembre 2023, Ursula von der Leyen annonce, devant le Parlement européen, qu'elle va lancer une étude pour déterminer si, oui ou non, les voitures électriques chinoises sont subventionnées au-delà de ce qui est permis par les règles de l'Organisation mondiale du commerce. Lancée officiellement le 4 octobre 2023, l'enquête prend treize mois. Elle démontre que des subventions sont omniprésentes dans la chaîne de production et de distribution des véhicules électriques chinois, permettant ainsi aux fabricants d'offrir des produits à des prix très compétitifs en Europe. Ces aides comprennent des prêts préférentiels, des réductions fiscales, des aides directes, des prix avantageux pour le lithium et les batteries, ainsi que des avantages pour les consommateurs financés par l'État chinois. La Commission européenne propose donc la mise en place d'un tarif douanier exceptionnel pouvant aller jusqu'à 25 % du prix du véhicule électrique fabriqué en Chine, auquel s'ajoute la taxe de 10 % actuellement appliquée à ces importations.

Mais, avant même que la décision ne soit prise par une majorité d'États membres, et malgré l'opposition de l'Allemagne sur laquelle nous reviendrons, la Chine a organisé des représailles. Des droits de douane en plus sur le cognac ou encore sur le porc. Pourquoi le cognac ? Parce que le gouvernement chinois sait très bien que le gouvernement français est très actif pour soutenir des droits de douane plus élevés sur les voitures électriques chinoises. Une cible purement française est donc un message politique clair !

Toutefois, renchérir le prix du cognac en Chine et faire diminuer les résultats financiers des grands groupes qui le vendent ne suffira pas à faire monter la pression, même si le propriétaire de la première maison de cognac n'est autre que Bernard Arnault, qui a un accès immédiat aux décideurs politiques. La Chine s'en prend donc aux exportations de porc et de fromage. Elle touche alors un secteur dont la capacité de mobilisation dans la rue n'est plus à démontrer. Pour résister à cette pression, l'Europe doit organiser un dialogue permanent avec les secteurs concernés et, si nécessaire, mettre en place des mécanismes de compensation financés par les droits de douane exceptionnels mis en place. D'autant qu'il n'est pas certain que la Chine mette toutes ses menaces à exécution car elle n'a pas plus intérêt que nous, et peut-être même moins, à une guerre commerciale. Et ce encore davantage depuis le retour de Donald Trump qui rebat complètement les cartes du commerce international.

Plus que jamais la Chine a besoin du marché européen, ce qui crée à la fois une pression supplémentaire à nos frontières et un bras de levier dans les négociations avec les dirigeants chinois. Les négociations bilatérales, tant avec la Chine qu'avec les États-Unis, sont en cours au moment où j'écris ces lignes. Ma position est simple : notre cap doit être celui de l'Europe puissance. Céder à tel ou tel chantage ne ferait que nous affaiblir dans la durée. Ce n'est pas notre monde idéal, mais Donald Trump comme les dirigeants du Parti communiste chinois ne comprennent qu'une seule chose : le rapport de force. Assumons-le, non comme un projet politique, mais comme une force de dissuasion. Ce qui implique, d'abord, de croire en nous-mêmes !

Quel degré de dépendance sommes-nous prêts à accepter ?

La troisième catégorie de problèmes à régler est peut-être la plus complexe. La Chine nous oblige à nous mettre d'accord sur une question clé de la transition écologique : celle du degré de dépendance que nous jugeons acceptable vis-à-vis de cette superpuissance économique dont le système politique est aux antipodes des valeurs démocratiques que nous défendons. Aujourd'hui, nous dépendons pour notre énergie des importations de gaz et de pétrole de quelques pays, dont la plupart ne sont pas non plus des modèles démocratiques (Algérie, Arabie saoudite, Qatar, etc.). Et l'invasion de l'Ukraine par la Russie de Vladimir Poutine en février 2022 a exposé au grand jour les conséquences de notre dépendance à une autre puissance, la Russie. Face à l'urgence, les grands pays consommateurs de gaz en Europe, au premier rang desquels l'Allemagne, ont négocié des contrats de long terme avec les États-Unis pour garantir leur approvisionnement, issu des gaz de schiste. Si le parti communiste chinois sait parfaitement jouer de nos divisions et mettre la pression sur les dirigeants européens, je fais le pari que les dirigeants américains sauront à l'avenir exploiter notre plus grande dépendance à l'énergie américaine. Ce n'est évidemment pas un hasard si Donald

Trump met régulièrement la question de l'achat supplémentaire de gaz américain sur la table des concessions attendues de la part des Européens en échange du soutien continu sur le plan militaire dans le cadre de l'OTAN.

La transition écologique a pour conséquence positive de réduire notre dépendance aux puissances fossiles en développant l'électrification des usages, de notre mobilité à nos processus industriels. Mais qui dit électrification dit nouvelles chaînes de valeur, nouvelles technologies sur lesquelles le poids de la Chine peut être considérable. Car la Chine, comme l'Europe, n'est pas une puissance gazière ou pétrolière, contrairement à la Russie et aux États-Unis. Elle a donc misé depuis des décennies sur l'électricité, d'abord très majoritairement à base de charbon, puis maintenant d'énergies renouvelables, de nucléaire, la part du charbon déclinant chaque année. Ainsi, la Chine a démarré en 2023 plus du double de l'ensemble des projets solaires et éoliens cumulés commencés dans le reste du monde ! Elle dispose d'un taux de pénétration des voitures électriques bien plus élevé qu'en Europe. En 2023, 25 % des voitures vendues étaient électriques, soit environ deux fois le taux européen. La Chine s'est donné les moyens de maîtriser l'ensemble des technologies de l'électrification et donc de la décarbonation. Et, à l'échelle de la lutte contre le dérèglement climatique mondial, c'est une excellente nouvelle : grâce à ces politiques volontaristes, les émissions totales de CO_2 chinoises ont atteint leur maximum historique en 2024-2025 et vont commencer à baisser. Mais cela ouvre un champ de concurrence nouveau pour nos entreprises puisque leurs concurrents chinois sont à la pointe de l'innovation et ont déjà amorti leurs investissements sur leur propre marché national. Tous les dirigeants d'entreprise que je rencontre me disent au fond la même chose : les entreprises chinoises proposent de plus en plus souvent des produits à la fois meilleurs et moins chers ! Comment réagir ?

Souveraineté, prix et vitesse de déploiement

Il nous faut arbitrer autour d'un triangle d'objectifs clés que je résumerai de la manière suivante : la souveraineté, le prix et la vitesse de déploiement. Nous avons fixé des objectifs de déploiement rapide des énergies renouvelables comme des voitures électriques. Sur ces deux marchés, la Chine peut nous apporter des solutions immédiates et moins chères qui nous permettront de tenir plus facilement nos objectifs. Mais ces solutions créent de nouvelles dépendances au détriment potentiel de notre souveraineté. Inversement, considérer que nous devrions remplacer les énergies fossiles 100 % importées par 100 % de technologies *made in Europe* au nom de notre souveraineté rendrait la transition beaucoup plus lente et beaucoup plus chère. À titre d'exemple, nous produisons aujourd'hui en Europe 3 % des panneaux solaires que nous posons. Se fixer un objectif de 100 % de panneaux *made in Europe* n'est ni soutenable sur le plan financier ni pertinent au regard du retard que nous prendrions dans notre capacité à installer des panneaux au rythme nécessaire pour tenir nos objectifs. Les arbitrages que nous devons faire à l'intérieur du triangle souveraineté-prix-vitesse de déploiement sont au cœur à la fois des stratégies des industriels et de notre capacité à trouver le meilleur équilibre commercial et géopolitique avec la Chine.

J'échange beaucoup avec les dirigeants des constructeurs automobiles. Dans un contexte de transformation profonde de leur secteur, ils sont les premiers à être confrontés à cet arbitrage et à chercher les bonnes solutions. Alors que je suis dans son bureau au siège historique de Renault sur l'île Seguin à Boulogne-Billancourt, Luca de Meo, P-DG de Renault de juillet 2020 à juin 2025, me dit qu'il préfère parler de « coopétition » avec la Chine, un néologisme mêlant coopération et compétition. Je ne sais pas si ce néologisme fleurira, mais il résume bien la tension dans laquelle nous sommes. Ainsi, Renault joue le jeu du *made in France* pour une partie de sa nouvelle gamme électrique, comme la nouvelle R5 fabriquée à Douai mais, à l'inverse, fait intégralement fabriquer en Chine la Dacia Spring. Même stratégie de « coopétition » pour Stellantis, qui regroupe notamment les marques Citroën et Peugeot. Le groupe s'est associé à un constructeur chinois Leapmotor et à un fabricant chinois de batteries, le leader mondial CATL, pour faire fabriquer les modèles électriques du constructeur chinois en Europe. Les Chinois échappent ainsi aux droits de douane, et Stellantis peut capter une petite partie de la valeur ajoutée d'une voiture pourtant en concurrence directe avec les siennes sur le marché européen. Est-ce un pari gagnant ? L'avenir nous le dira.

De fait, dans toutes les technologies utiles à la décarbonation de notre économie, nous sommes confrontés à ce choix stratégique de l'arbitrage entre souveraineté, prix et vitesse de déploiement. Et si l'on veut bien sortir des simplismes, la réponse varie selon chaque technologie. Prenons l'exemple des énergies renouvelables. À la différence des panneaux solaires, l'Union européenne dispose d'une industrie reconnue mondialement pour la production des éoliennes. Les grandes entreprises européennes du secteur – Siemens Gamesa en Allemagne, GE Vernova ou Vestas au Danemark – se placent parmi les leaders mondiaux. Mais la part de marché de l'Union décline face à la concurrence de la Chine, dont les coûts de production sont de 70 à 130 % moins élevés par unité qu'en Europe*. Faut-il appliquer le même raisonnement que sur les panneaux solaires ? Je ne le pense pas car notre base industrielle est établie et il nous faut la défendre.

Cependant, faire ce choix stratégique de priorisation n'est pas facile car il peut amener de fait à privilégier un pays européen plus qu'un autre. Une discussion toujours difficile à mener. De plus, les États eux-mêmes sont loin d'être toujours cohérents. Prenons l'exemple de la France. Alors que nous sommes en pointe dans la volonté de mettre en avant l'enjeu d'autonomie stratégique et donc la localisation en Europe de technologies clés, l'État passe des appels d'offres centrés sur le prix le moins élevé, ce qui conduit les répondants à avoir recours à des technologies chinoises pour les parcs éoliens français.

Enfin, entre les États européens, les intérêts et les sensibilités varient. L'Allemagne est, depuis 2022, au centre d'une tempête qui remet en cause sa puissance industrielle. Son modèle était fondé sur un triptyque : peu de dépenses militaires grâce au parapluie américain, du gaz peu cher importé de Russie et une production industrielle tirée par la Chine, qui était depuis près d'une décennie le premier partenaire commercial de l'Allemagne. Ces trois axes sont totalement bousculés. L'invasion de l'Ukraine a contraint les Allemands à renoncer au gaz russe bon marché, les dépenses militaires sont en forte augmentation du fait des incertitudes liées à

* Analysis and Research Team, « Harnessing wind power : Navigating the EU energy transition and its challenges, Council of the European Union, General Secretariat, septembre 2024.

la politique étrangère américaine, et le temps où la Chine accueillait à bras ouverts les machines-outils et les berlines allemandes est révolu, à tel point que ce sont les États-Unis qui sont devenus les premiers partenaires commerciaux de notre voisin en 2024. Le gouvernement allemand est donc pris en tension entre deux options : chercher à sauver ce qui peut l'être du modèle ancien, et notamment préserver des relations ouvertes avec la Chine d'un côté, construire la nouvelle donne de l'autre, en assumant une relation plus conflictuelle avec la Chine pour protéger ses fleurons industriels de plus en plus attaqués par la concurrence chinoise. Le tout sans renoncer à la bonne entente avec les États-Unis, premier débouché de son industrie…

Au fond, la relation avec la Chine dépend des choix que nous, Européens, devons faire. Choisir les technologies vertes où nous menons la bataille de la souveraineté et celles où nous profitons de la capacité de la Chine à produire peu cher et en masse. Passer les accords commerciaux pour diversifier notre approvisionnement en matières premières critiques. Et financer les innovations pour inventer des technologies qui nous rendront moins dépendants de la Chine.

Ces arbitrages, nécessaires et difficiles à prendre, ne doivent pas nous faire oublier la réalité actuelle : notre principale dépendance économique, ce sont les énergies fossiles. Or autant nous pouvons choisir notre degré de dépendance aux technologies chinoises, autant nous ne pouvons rien faire tant que nous sommes dépendants des fossiles puisque nous n'en produisons pas sur notre sol et que nous ne changerons pas cette réalité géologique.

CHAPITRE 15

Le Pacte vert, arme de résistance face à Donald Trump

Retrait de l'accord de Paris sur le climat, fin des subventions fédérales pour les voitures électriques, suppression des aides du gouvernement aux communautés locales affectées par un grand projet d'énergie, réautorisation des pailles en plastique, retrait des États-Unis des projets d'aide internationale pour accompagner le développement des énergies renouvelables et la sortie du charbon en Afrique du Sud ou en Indonésie, licenciements massifs à l'Agence de la protection de l'environnement mais aussi des scientifiques qui travaillent sur le climat au sein de la NASA... Voilà un échantillon, très partiel, des mesures hostiles à l'écologie prises par Donald Trump depuis son retour à la Maison Blanche en janvier 2025.

La liste s'allongeant chaque semaine, ces mesures traduisent une ambition totalement assumée : démanteler toute l'action pour le climat et la protection de la nature mise en place par les États-Unis non seulement sous l'administration Joe Biden, mais depuis des décennies, y compris sous de précédents gouvernements républicains. Car Donald Trump fait partie des rares chefs d'État qui nient la réalité du changement climatique. En 2012, il a ainsi déclaré :

« Le concept de réchauffement climatique a été créé par et pour les Chinois afin de rendre le secteur manufacturier américain non compétitif. » Ses positions sont tellement extrêmes que même Darren Woods, le P-DG d'ExxonMobil, la première compagnie pétrolière américaine, a déclaré que Donald Trump ne devrait pas retirer les États-Unis de l'accord de Paris. Il a également exhorté les industries américaines à continuer de prendre en compte la performance environnementale lors du second mandat de Trump afin de ne pas aggraver la situation.

Une approche anticlimat et antiscience

Cette approche anticlimat se double de ce qu'il faut bien appeler un obscurantisme antiscience. Le 7 mars 2025, les scientifiques américains et leurs collègues du monde entier se sont mobilisés pour alerter l'opinion publique mondiale sur le caractère absolument inédit des attaques contre la liberté de la recherche aux États-Unis. En février 2025, l'administration Trump a, en effet, mis en place des restrictions sans précédent concernant le langage utilisé dans les publications scientifiques financées par le gouvernement fédéral. Des termes tels que « climat », « réchauffement climatique », « femmes » et « préjugés » ont été interdits dans les travaux scientifiques, sous peine de perdre les financements fédéraux.

Ces décisions radicales se prennent dans un contexte bien différent de son premier mandat. En 2017, Donald Trump avait déjà décidé de sortir les États-Unis de l'accord de Paris. Avec un impact finalement assez faible. D'une part, aucun pays n'avait suivi la décision du président américain, alors que le plan initial était bien de créer un effet d'entraînement qui viderait la Convention climat de l'ONU de son intérêt. D'autre part, les décideurs économiques américains n'ont pas changé leur analyse : avec Trump ou pas à la Maison Blanche, le changement climatique est bien là et il restera. Le sentiment général était donc qu'une parenthèse malheureuse s'ouvrait, mais qu'il fallait résister et se projeter sur la suite. Qu'en est-il aujourd'hui ?

Le nouveau retrait des États-Unis n'a pas, pour l'instant, entraîné d'autres départs. L'Argentine, gouvernée depuis 2023 par Javier Milei, n'a finalement pas suivi malgré les rumeurs persistantes à ce sujet. Et le changement climatique ne s'arrête pas non plus en 2025 avec le retour de Trump. Les fondamentaux restent donc les mêmes, et les États-Unis continuent d'être partagés, pour ne pas dire fracturés, entre une partie de la société ouvertement climatosceptique et une autre, moins visible en ce moment depuis l'Europe, qui continue son action. Ces forces sont notamment réunies dans la coalition « America Is All In » qui regroupe dix États, comme la Californie ou le Minnesota, près de quatre cents villes comme Atlanta, Cincinnati, Denver ou Chicago, plus de cent investisseurs et fonds de pension comme le fonds californien CalPERS qui gère plus de 500 milliards de dollars d'actifs, ainsi que des milliers d'entreprises, d'ONG, etc. Lors du premier mandat de Donald Trump, cette coalition a été un maillon essentiel de la résistance à l'offensive anticlimat. En sera-t-il de même cette fois-ci ? En avril 2025, j'ai échangé directement avec Gina McCarthy, la responsable de cette coalition, qui m'a confirmé que la bataille était bien plus difficile cette fois-ci car l'offensive de Donald Trump est à la fois plus radicale et mieux préparée. Pour elle, le match se jouera *in fine* dans les tribunaux qui, d'appel en appel, jusqu'à la Cour suprême, sont les seuls à pouvoir bloquer les attaques du président américain. L'enjeu est, au moins, de gagner du temps jusqu'aux élections de mi-mandat en 2026, en espérant une défaite du camp républicain qui freinerait les actions futures de la Maison Blanche.

La force d'entraînement du tournant réactionnaire semble donc cette fois plus importante. Le président américain a notamment lancé une véritable croisade pour démanteler toutes les règles sur la responsabilité sociale des entreprises et sur la finance durable. Non seulement il cesse les soutiens financiers, non seulement il supprime les lois en vigueur, mais il va au-delà, en punissant de sanctions les entreprises qui continueraient à agir de manière positive pour le climat. Cette marche n'avait pas été franchie sous le premier mandat, et c'est elle qui peut tout changer car elle met sous pression judiciaire des entreprises qui n'avaient pas l'intention de modifier leurs pratiques. Par exemple, des institutions financières majeures telles que Goldman Sachs et BlackRock se sont retirées de certaines alliances engageant leurs membres à agir volontairement en faveur du climat, telles que la Net Zero Asset Managers (NZAM), pour ne pas risquer d'être juridiquement dans le viseur de la nouvelle administration. Des lois sont également à l'étude pour menacer de poursuites judiciaires les entreprises ayant une démarche dite ESG (environnement-social-gouvernance) visant par exemple à intégrer davantage les minorités, à donner plus de responsabilité aux femmes ou à agir davantage en faveur de la biodiversité. Une récente proposition pour un *Protect USA Act* interdirait à toute entreprise américaine de respecter les obligations européennes sur le sujet.

Avec quelles conséquences pour l'Europe ?

Si l'on fait l'hypothèse, malheureusement réaliste, que l'impact des politiques de négation climatique sera plus dramatique sous Trump 2 que sous Trump 1, alors la question des conséquences pour l'action climatique européenne doit évidemment être analysée. La première conséquence est, paradoxalement, positive pour nous. En effet, l'une des premières décisions de la nouvelle administration américaine a été de suspendre le grand plan d'investissements verts de Joe Biden, l'IRA. Le projet de loi de finances, présenté par le président, annule autour de 500 milliards de dollars de crédits prévus sur plusieurs années, notamment les subventions et les crédits d'impôt pour les projets d'énergie propre, les infrastructures vertes, ainsi que les recherches en matière de technologies de décarbonation. Autrement dit, pendant des mois, les industriels européens ont menacé de localiser leurs nouveaux investissements verts aux États-Unis pour bénéficier des largesses financières de l'IRA. Et ce sont elles qui sont maintenant largement annulées. Cela a ému jusque dans les rangs républicains car la plupart des projets concernés devaient se localiser dans des États dirigés par le parti de Donald Trump. Résultat : de nombreux gouverneurs et élus locaux républicains tentent d'atténuer l'impact de cette décision.

Quoi qu'il en soit, la nouvelle incertitude américaine sur ce sujet est un élément de concurrence directe en moins sur la localisation des investissements dans les industries vertes. Poursuivre nos politiques de décarbonation est donc la meilleure façon d'accueillir les investissements verts des entreprises. Grâce au Pacte vert, l'Europe peut se profiler comme une terre d'accueil naturelle de ces investissements, et nous devons continuer à agir pour leur simplifier les règles du jeu comme nous l'avons fait récemment sur les subventions publiques, les autorisations de construire, etc.

Il reste maintenant à voir si l'incitation à investir aux États-Unis demeure, grâce aux prix plus bas de l'énergie. De fait, les prix américains de l'énergie, du gaz comme de l'électricité, sont plus bas qu'en Europe – deux à trois fois moins élevés pour l'électricité et jusqu'à cinq fois moins pour le gaz. Pour changer cette situation, il faut en comprendre l'origine. Le prix des terrains pour réaliser les infrastructures est plus bas, les taxes sur l'énergie y sont plus faibles, les centrales nucléaires y sont amorties depuis plus longtemps et leur durée de vie autorisée est plus longue. Aux États-Unis, leur durée de vie initiale est de quarante ans, avec des extensions possibles jusqu'à soixante, voire quatre-vingts ans. En France, chaque réacteur doit passer une visite décennale de l'Autorité de sûreté nucléaire (ASN) pour prolonger son fonctionnement par tranches de dix ans. En outre, les Américains ont accès à un gaz produit chez eux à bas coût alors que les Européens paient le prix d'un gaz transporté par pipeline ou sous forme de GNL, ce qui en renchérit le montant.

Tous ces facteurs expliquent que les prix de l'énergie soient structurellement plus bas aux États-Unis qu'en Europe. Il y a dix ans, la différence était d'un facteur 1,5 pour les prix de l'électricité, et pourtant cela ne semblait pas poser de problèmes particuliers. Et la différence spectaculaire de 2022-2023, où les prix européens du gaz utilisé par nos industriels étaient de 345 % plus élevés que les prix outre-Atlantique, était la conséquence du choc radical représenté par l'invasion de l'Ukraine par la Russie et la suppression de l'approvisionnement en gaz russe. Cette situation relevait d'un caractère exceptionnel, ce qui rendrait hasardeux pour les industriels de planifier des investissements de long terme sur cette seule base.

Les vannes ouvertes par Donald Trump à l'industrie fossile américaine devraient logiquement conduire à des prix de l'énergie bas aux États-Unis. Cependant, cette offre supplémentaire, très négative pour le climat, aura aussi pour conséquence de contribuer à la baisse des prix mondiaux, avec deux effets opposés. Le premier sera de redonner de la compétitivité aux industries… européennes. En effet, des prix plus bas de l'énergie redonnent de l'air pour investir dans l'avenir et notamment dans la décarbonation. Mais, et c'est la deuxième conséquence, des prix bas du gaz diminuent la rentabilité relative des technologies vertes (comme le fait de remplacer du gaz fossile par de l'hydrogène fait à partir d'électricité verte…). Au moment où j'écris ces lignes, il est difficile de savoir si la baisse annoncée des prix du gaz sera ou non une bonne nouvelle pour la décarbonation de l'Europe et quelle tendance prendra le pas sur l'autre. D'autant que la baisse des prix aux États-Unis va mettre en péril l'équilibre économique d'une partie des producteurs de gaz de schiste, et donc conduire à une baisse de la production, qui aura pour effet probable de faire remonter les prix… Le tout dans un contexte de grande incertitude sur les droits de douane qui pourraient, de nouveau, rechanger la donne.

Une autre conséquence des nouvelles politiques américaines pour nous, mais surtout pour les pays émergents, porte sur le désengagement radical de toutes les formes de soutien à la décarbonation des pays du Sud. L'Agence des États-Unis pour le développement international (USAID), qui finançait de nombreux projets climatiques, a vu plus de 90 % de ses financements à l'étranger supprimés par l'administration

Trump. Cet arrêt de mort de l'USAID emporte des conséquences bien plus négatives que la seule sortie de l'accord de Paris, qui relève d'un exercice diplomatique. La suppression de l'USAID a conduit à annuler 5 800 projets dans le monde, notamment en faveur du climat, freinant ainsi les investissements verts au Sud. L'Europe est bien sûr sollicitée par tous les partenaires abandonnés à leur sort par les États-Unis. Mais regardons les chiffres de près. Les États-Unis suppriment 54 milliards de dollars de crédits. Les crédits cumulés d'aide au développement de tous les pays européens, en propre ou *via* l'Union européenne, s'élèvent à 95,9 milliards d'euros en 2023. Il faudrait donc environ 50 milliards d'euros supplémentaires pour que l'Europe se substitue aux États-Unis, ce qui est objectivement impossible. Des discussions ont commencé en revanche avec l'ensemble de nos partenaires en Afrique, en Asie et en Amérique latine pour voir comment, collectivement, nous pourrions colmater les pires brèches. Au-delà de la dimension financière de l'exercice, il s'agit surtout de consolider la volonté du reste du monde de continuer à agir dans le cadre du multilatéralisme, même si les États-Unis, eux, font le choix inverse. L'un des moments de vérité sera la COP30, qui aura lieu au Brésil, en novembre 2025.

Le climat fait partie de notre agenda de sécurité

Le retour de Trump à la Maison Blanche marque également une rupture en matière de garanties de sécurité pour les Européens. Ce qui nous oblige à investir davantage dans notre défense. Ces moyens financiers vont-ils manquer pour la transition climatique ? Pour éviter ce scénario, nous avons, dès le mois de mars 2025, utilisé les flexibilités offertes par le Pacte de stabilité pour que ces dépenses supplémentaires ne soient pas comptabilisées dans la trajectoire budgétaire des États (les fameux 3 %), prise en compte par la Commission européenne pour juger si le pays est ou non en déficit excessif. Cela représente une capacité totale d'investissements potentiels pour les 27 États membres de 650 milliards d'euros qui ne sera pas intégrée dans les règles comptables européennes. Par ailleurs, les chefs d'État et de gouvernement ont validé également en mars un emprunt de 150 milliards d'euros de façon à financer nos priorités communes. Il n'en reste pas moins que les États devront soit lever de la dette supplémentaire, soit augmenter les impôts, soit baisser d'autres dépenses pour faire face à ces investissements nécessaires.

Au-delà des règles comptables, il faut donc poser le débat liant sécurité du continent européen et politique climatique. Et toujours partir de la vulnérabilité géopolitique majeure pour l'Europe qui est de ne pas avoir d'énergies fossiles dans son sous-sol. Nous devons donc les importer, ce qui nourrit financièrement nos compétiteurs économiques, et nous affaiblit en termes stratégiques. Réduire cette vulnérabilité doit être considéré, à mes yeux, comme un élément de notre politique de sécurité qui repose sur trois piliers : la sécurité militaire, la sécurité économique et la sécurité climatique. Autrement dit, investir dans une énergie que l'on produit chez nous au lieu de l'importer de pays dont nous sommes dépendants fait partie de notre « réarmement ». Entrent dans cette catégorie les investissements dans les projets énergétiques clés pour nous passer du gaz russe ou du LNG américain, car comment imaginer que Donald

Trump n'utilise pas à notre détriment l'arme du gaz si tel était son intérêt ?

Par ailleurs, nos investissements dans la résilience aux chocs climatiques devaient également faire partie de notre agenda de sécurité. Pourquoi ? Parce que les enjeux de souveraineté alimentaire sont un élément de notre sécurité. Or toutes les études montrent que les conséquences du changement climatique seront négatives pour nos sols et nos rendements agricoles. Et mettre toujours plus d'intrants chimiques n'y change rien, comme le montre la stagnation des rendements dans la Beauce en France par exemple, d'autant que ces intrants sont largement importés de… Russie !

Une étude allemande sur la sécurité climatique, remise récemment au gouvernement, démontre que le changement climatique, par ses effets déstabilisateurs, provoquera une augmentation des migrations et des prix alimentaires, risquant de générer des crises économiques et politiques en Europe*. Investir dans ce qui protège les rendements de nos sols, c'est donc investir dans notre sécurité. Nous ne devons pas tomber dans une vision étroite de notre sécurité, faite uniquement de chars et de missiles. Les aspects énergétiques et de souveraineté alimentaire en font partie, au même titre que les enjeux autour du cyber, du numérique, etc. Les pays européens qui ont acheté des avions de chasse américains F-35 semblent découvrir que ceux-ci ne peuvent fonctionner qu'avec l'aval des États-Unis qui maîtrisent la mise à jour des données de l'avion. Ne nous réveillons pas dans quelques années avec d'autres impasses de cette nature parce que nous n'aurions pas aujourd'hui fait les bons investissements dans

---

* Zia Weise, « Climate change's destabilizing effects will drive up migration and food prices, threatening economic and political upheaval in Europe », *Politico*, 12 février 2025.

notre sécurité au sens large du terme. Pour cela, nous devons considérer le déploiement du Pacte vert comme un élément de notre sécurité collective.

Enfin, au-delà des chiffres et des réalités énergétiques ou économiques, les conséquences des politiques de Donald Trump en matière climatique relèvent aussi de la psychologie. Je suis actif depuis maintenant une quinzaine d'années dans l'action pour le climat. Je peux témoigner du fait que se succèdent des hauts et des bas. Après l'échec de la conférence de Copenhague en 2009, il a fallu deux ou trois ans pour retrouver une énergie positive qui a abouti à la montée en puissance des négociations, et finalement à l'accord de Paris en 2015.

Le retour de Donald Trump à la Maison Blanche est de ces événements qui sont susceptibles de changer la psychologie mondiale sur le climat. La première réaction est le « À quoi bon ? ». Pourquoi devrions-nous faire des efforts, nous Européens, si les États-Unis ne suivent pas ? Le fait que l'année 2024 ait été marquée par un record de réchauffement qui a franchi pour la première fois la barre des 1,5 °C contribue à ce fatalisme climatique. Certains scientifiques estiment que nous pourrions atteindre le seuil de 2 °C de réchauffement avant la fin de la prochaine décennie alors que c'est le niveau maximal de réchauffement fixé par l'accord de Paris pour… 2100. Bref, le sentiment que la bataille est perdue est là.

Faut-il y céder ? Non, bien sûr, car nous n'avons pas le choix. Et c'est justement dans les moments difficiles qu'il faut tenir bon. Car si le retour de Donald Trump nous fait perdre du temps, il ne change pas le combat de long terme que représente la nécessité d'empêcher un dérèglement climatique incontrôlé. C'est dans ces moments qu'il faut se rappeler que le GIEC, qui rassemble les scientifiques du climat, a obtenu en 2007 le prix Nobel non pas de chimie ou de physique, mais de la paix. Car un monde au climat déréglé est un monde où les tensions et les conflits se multiplieront. Pour accéder aux sols arables, à la ressource en eau, dans la gestion des flux croissants de migrants climatiques, etc. Bref, ne nous laissons pas détourner de notre cap. Cela serait au fond la plus grande victoire des climatosceptiques.

QUATRIÈME PARTIE

Quel avenir pour le Pacte vert ?

CHAPITRE 16

L'Europe a-t-elle les moyens financiers de ses ambitions écologiques ?

Le 12 mai 2023, je me rends avec l'ensemble des députés européens de la majorité présidentielle à l'Élysée pour une réunion de travail avec le président de la République française sur les grands sujets européens. La veille, devant un parterre d'industriels, il a évoqué la nécessité d'une « pause réglementaire » sur le Pacte vert. Je ne suis pas en accord avec cette prise de position, et j'échange par textos avec le président après sa prise de parole. Pendant la soirée, l'Élysée précise qu'il ne s'agit pas de mettre en pause les textes déjà votés, ni les négociations en cours, mais de ne pas aller plus loin ensuite.

Lorsque nous nous retrouvons à l'Élysée, Emmanuel Macron détaille sa pensée : l'Europe court le risque de sur-réguler et de sous-financer. Soit l'inverse de ce que font les États-Unis qui, sous Joe Biden, régulent moins et « surfinancent ». Je ne suis pas en total accord avec cette analyse. Les nouvelles règles du jeu que nous prenons génèrent des investissements considérables en Europe de la part des entreprises concernées. Mais, là où je rejoins le président de la République, c'est dans la nécessité d'un soutien financier plus important pour la transition, car elle représente la condition de notre compétitivité et de notre prospérité de demain. Et c'est bien là que le bât blesse.

L'IRA ou la puissance de feu américaine

IRA. Ces trois lettres ont occupé depuis deux ans beaucoup de conversations à Bruxelles. Il ne s'agit pas de l'Irish Republicain Army, restée célèbre pour avoir combattu les forces britanniques dans le cadre du conflit pour l'indépendance de l'Irlande du Nord, mais de l'*Inflation Reduction Act*, une loi adoptée en 2022 sous Joe Biden. Ce vaste plan d'investissements visant à soutenir la décarbonation de l'économie américaine fait rêver – ou cauchemarder – les dirigeants des grandes entreprises et les dirigeants politiques de notre continent. Car l'IRA semble réunir deux qualités majeures : une puissance de feu maximale et une simplicité biblique. Si les chiffres officiels sont de 739 milliards de dollars sur dix ans, la réalité, selon les calculs de la banque Goldman Sachs, est sans doute plus proche des 1 000 milliards d'argent public. Et la mécanique est simple puisque les aides seront attribuées en fonction de la production réalisée sur le sol américain : plus l'usine produit d'acier ou d'hydrogène décarboné, plus l'entreprise touche de l'argent sous forme de crédits d'impôt.

Pour augmenter l'impact de l'IRA, les ambassades américaines sont chargées d'appeler directement les patrons des entreprises européennes ou étrangères qui envisagent d'investir en Europe pour leur faire une contre-proposition d'investissements aux États-Unis. Une attitude agressive, qui démontre à quel point la bataille pour la localisation des investissements dans les technologies de la transition climatique est féroce. Heureusement pour nous, la réalité est moins parfaite que le *storytelling* américain, qui donne l'impression d'un eldorado pour les entreprises européennes. Deux ans après le lancement de l'IRA, le retour d'expérience est moins rose. Certains critères mis en place pour accéder aux fonds ne sont toujours pas publiés (c'est le cas par exemple pour l'hydrogène). Et la volonté de se déconnecter au maximum de la Chine fait que certains investissements n'ont finalement pas été soutenus car ils intégraient trop de contenus achetés en Chine même si une partie était finalement fabriquée aux États-Unis. Et le retour au pouvoir de Donald Trump pourrait bien avoir la peau de l'IRA puisque tous les crédits restant à dépenser ont été coupés au début de son mandat, malgré l'opposition d'une partie de la base des élus Républicains dont les territoires, comme le Texas par exemple, sont les grands gagnants des investissements financés par l'IRA.

Même si l'IRA est aujourd'hui gelé, il a révélé un paradoxe d'envergure : les États-Unis enregistrent une dette publique d'un montant de 122 % de leur PIB et ils investissent plus de 1 000 milliards d'argent public dans la décarbonation sans que cela pose le moindre problème sur les marchés financiers. À l'inverse, la dette publique de la zone euro s'élève à 88 % de son PIB, soit presque 40 points de moins que les États-Unis, et c'est pourtant en Europe que l'on entend le plus de discours sur la priorité absolue que nous devons donner au désendettement et sur les difficultés de financement des investissements verts. Et ce dans un contexte où le taux d'épargne des Européens est en moyenne de 14 %, alors qu'il est de moins de 5 % aux États-Unis. Autrement dit, en Europe, nous avons plus d'épargne et moins de dette qu'aux États-Unis mais ce sont eux qui investissent !

Quel paradoxe mortifère… qui devient encore plus incompréhensible en Allemagne qui est à la fois le pays qui a le taux d'endettement public le plus faible des grands pays européens (61,9 %), le taux d'intérêt le plus bas de la zone euro, le pays dont l'industrie souffre le plus du risque de concurrence des investissements américains et qui, malgré tout, s'est longtemps refusé à investir ! C'est d'ailleurs ce point précis – le respect ou non du frein à la dette introduit dans la Constitution en 2009 – qui a fait exploser en novembre 2024 la coalition gouvernementale au pouvoir à Berlin. Et la réforme de ce mécanisme fut la première décision prise en urgence par le nouveau chancelier au printemps 2025. La nouvelle coalition CDU-SPD a décidé d'un plan d'investissements inédit dans les infrastructures, dont une partie sera liée à la lutte contre le dérèglement climatique.

Nous sommes là au cœur de l'un des débats politiques les plus importants quant à notre capacité à réussir le Pacte vert. Nous disposons maintenant des bonnes règles du jeu, qu'il faut toujours simplifier pour les rendre les plus efficaces possibles, et nous avons presque toutes les technologies dont nous avons besoin pour réduire massivement nos émissions de CO_2. Mais cela restera insuffisant si nous ne sommes pas capables de financer les investissements associés. Autrement dit, sommes-nous capables de nous donner les moyens financiers de notre ambition climatique ? Depuis 2019, les termes de la réponse ont beaucoup évolué. Retour sur les principales étapes d'un chantier inachevé.

Un plan de relance européen historique

L'une des premières victoires que nous remportons en 2019 au Parlement européen est la transformation de la Banque européenne d'investissement (BEI) en Banque du climat de l'Union européenne. Ce n'est pas un changement de nom, mais un changement dans les investissements qui sont financés : augmenter la part du financement annuel dédié à l'action climatique et environnementale à plus de 50 % d'ici à 2025, et mobiliser ainsi 1 000 milliards d'euros d'investissements verts entre 2021 et 2030. Les objectifs sont même dépassés puisque, en 2023, les financements représentent 60 % de l'utilisation des ressources de la banque. De plus, la BEI s'est donné comme objectif d'aligner l'ensemble de son portefeuille d'investissements sur l'accord de Paris pour non seulement financer plus que ce qui est utile, mais arrêter de financer ce qui est néfaste au climat.

Le deuxième chantier que nous menons, notamment avec ma collègue Valérie Hayer, alors membre de la commission du budget et devenue depuis présidente du groupe Renew au Parlement européen, est d'augmenter la part du budget européen consacrée au climat. Lorsque nous arrivons en 2019, cette part est de 20 %. Nous parvenons à la faire monter à plus de 30 % après d'âpres négociations avec les États membres. Cela veut dire concrètement 400 milliards d'euros de plus pour le climat sur la période couverte par le nouveau budget européen, de 2021 à 2027. Pourquoi de 2021 à 2027 ? Parce que la négociation financière fait l'objet de tellement de pressions et d'intérêts divergents entre les 27 pays de l'Union que nous ne négocions pas ce budget tous les ans, comme au niveau national, mais seulement une fois tous les sept ans ; ce qui permet une prévisibilité que n'offrent pas les budgets nationaux, surtout en cas d'instabilité politique.

Côté investissements publics, le troisième gros chantier qui arrive sur notre bureau est l'un des événements majeurs de ces dernières années : le covid. En mars 2020, tout s'arrête. Nous sommes confinés, et l'économie plonge. Commence alors une course de vitesse pour réussir ce que l'Europe avait échoué à faire au moment de la crise financière de 2009, qui avait failli se terminer en implosion de la zone euro. À savoir, mettre en place un plan de relance européen financé en commun pour investir dans nos priorités communes dont le Pacte vert. Un plan de relance pour sauver et transformer l'économie.

Un mois à peine après le début du confinement, nous votons à distance au Parlement européen une résolution qui appelle de ses vœux un tel plan de relance financé par un emprunt commun. Ce texte n'a pas de valeur légale, mais c'est le signal politique qu'il existe bien une majorité politique pour soutenir cette avancée inédite. Quelques semaines plus tard, mi-mai, Emmanuel Macron et Angela Merkel signent un texte engageant le soutien de la France et de l'Allemagne à une telle initiative. Le moment est historique car, jusqu'à ce revirement, la position allemande avait toujours été hostile à un tel endettement européen. Quelques jours plus tard, la Commission européenne, rassurée par le soutien franco-allemand, fait une proposition de loi pour un plan de relance de 750 milliards d'euros. Et en juillet, après quatre jours et quatre nuits de négociations qui resteront parmi les moments les plus intenses de l'histoire de la construction européenne, les chefs d'État et de gouvernement se mettent d'accord sur le montant de 750 milliards d'euros, en diminuant légèrement la part des dons au bénéfice des prêts pour arracher l'accord des pays les plus réticents comme l'Autriche, le Danemark, la Suède ou encore les Pays-Bas.

« Faire rouler » la dette publique européenne

Commencent alors les négociations pour finaliser les modalités précises de cet accord historique. Et notamment les types d'investissement qui seront – ou non – soutenus par l'argent européen. En tant que président de la commission Environnement du Parlement, je suis en charge de négocier la partie « verte » du plan. Se posent à nous deux questions clés : quelle part de ce plan de relance sera affectée à des investissements verts ? Et quels critères allons-nous retenir pour rendre éligible tel ou tel projet ?

La proposition initiale de la Commission européenne fixe un objectif minimal de 30 % d'investissements verts. La négociation que nous menons le monte à 37 %, et nous développons une méthodologie bien plus robuste que ce qui existait alors, pour nous assurer que les fonds seraient réellement investis dans des solutions vertes. Résultat : le plan de relance européen, dont les effets s'étirent jusqu'en 2026, aura été le plus gros choc d'investissements verts de notre histoire européenne. En France, par exemple, il aura permis de financer, *via* le plan « France 2030 », de grands projets d'investissement de *gigafactories* de batteries, tels que ceux portés par ACC, Verkor, Envision et ProLogium.

Le plan de relance européen aura été un succès historique… dont nous avons déjà oublié l'importance. Il aura permis à l'Europe d'être le continent qui sera sorti le plus vite de l'effondrement économique lié au covid et de sauver des millions d'entreprises et d'emplois en Europe. Mais son effet est conjoncturel. Le cœur de son impact est derrière nous. La question politique qui est devant nous est de savoir si nous voulons le renouveler ou non. La France y est favorable, mais pas les pays dits « frugaux », comme l'Allemagne ou les Pays-Bas. Ils ont accepté un mécanisme de crise, mais ne sont pas prêts à le renouveler. Pourtant, c'est un enjeu décisif si nous voulons disposer des moyens financiers publics pour aider nos entreprises à se battre à armes égales avec leurs concurrents, chinois et américains notamment.

De plus, l'Europe va devoir commencer à rembourser l'argent emprunté sur les marchés pour financer le plan de relance. Sans ressources fiscales supplémentaires et sans nouveau plan d'investissements, l'Europe verra son budget amputé d'environ 20 % sur la prochaine période budgétaire (2028-2035). Autrement dit, notre capacité d'investissements dans nos priorités communes risque d'être largement réduite si nous ne prenons pas les bonnes décisions. C'est pourquoi je soutiens la proposition faite par Mario Draghi sur ce sujet, à savoir « faire rouler » la dette. Qu'est-ce que cela signifie ? Prenons l'exemple de la dette française. Le stock de dette publique est d'environ 3 300 milliards d'euros à la fin 2024. Chaque année, l'État en rembourse une partie… et émet immédiatement des nouveaux titres de dette (que l'on appelle obligations dans le jargon financier), souscrits par ceux qui viennent de recevoir de l'État le remboursement en euros de la « vieille » dette. C'est ce mécanisme que l'on appelle le « roulement » de la dette. De la nouvelle dette achetée par les grandes institutions financières qui gèrent notre épargne remplace de la vieille dette qui avait été contractée des années auparavant (la durée moyenne des titres de la dette française est autour de neuf ans en 2025) par l'État auprès de ces mêmes institutions financières. Ce roulement fonctionne partout dans le monde... sauf auprès de la Commission européenne car le plan de relance a été la première émission de dette européenne. Et comme il n'est pas prévu d'en faire une nouvelle, les obligations arrivant à échéance vont être transformées en euros et non en de nouvelles obligations. Mario Draghi a raison de proposer que l'Europe fasse ce que tous les États du monde réalisent en permanence. Cela évitera une contraction du budget européen sans précédent et nous permettra de continuer à financer les investissements nécessaires, dans un contexte où, rappelons-le, le taux d'épargne des Européens bat des records !

Transformer le système financier

Les investissements publics ne représentent pourtant qu'un tiers environ des investissements totaux dans la transition. Les deux autres tiers sont assurés par les entreprises et par les ménages que nous sommes tous. C'est pour cela que l'un des piliers du Pacte vert dans lequel je me suis beaucoup impliqué est de changer les règles du jeu du secteur financier.

J'ai été membre pendant trois ans de la Commission des affaires économiques et monétaires, entre 2009 et 2012, où je m'occupais particulièrement de réglementation financière. C'était après la crise des *subprimes* de 2008, et, avec Michel

Barnier, alors commissaire en charge des Services financiers et du Marché intérieur, nous avons restauré des règles de bon sens contre la spéculation et des prises de risque excessives. J'avais constaté à l'époque que les financiers étaient assez analphabètes en matière d'écologie… et réciproquement ! Et j'ai pu mesurer ensuite en préparant la COP21, puis en faisant partie d'un groupe d'experts sur la finance durable pour la Commission européenne en 2017, que les choses avaient changé. Confrontées à la multiplication des catastrophes climatiques, les compagnies d'assurances prenaient maintenant le sujet au sérieux. Et les banques s'interrogeaient réellement sur le fait de rester ou non dans le financement des fossiles et se dotaient d'engagements pour « financer plus de vert ». Tout cela était nouveau. Mais il manquait une tout autre grammaire qui pouvait faire changer d'échelle le verdissement de la finance. Car l'objectif n'est pas de créer une niche de marché verte sympathique dans un océan de financements carbonés, mais bien de transformer le système financier pour qu'il contribue au verdissement de l'ensemble de l'économie.

C'est précisément ce que nous avons commencé à faire depuis 2019. J'ai déjà évoqué la taxonomie. Derrière ce nom un peu étrange se cache un objectif simple : faire en sorte que les financiers et les entreprises parlent partout en Europe le même langage en matière de transition écologique. Car jusqu'alors un fonds de pension suédois qui voulait investir dans une entreprise en Espagne était confronté à une situation complexe puisque la définition de ce qui est « vert » par la Suède était différente de la définition espagnole. Si nous voulions créer un véritable marché européen du financement privé de la transition, il nous fallait donc faire en sorte d'harmoniser ces définitions. C'est ce texte qui m'a valu les premières nuits de trilogue dès 2019. Et nous avions conscience de faire quelque chose de vraiment nouveau nous permettant enfin de faire la transparence sur les actions des entreprises. Car, avec la taxonomie, il n'est plus possible de faire du *greenwashing*, de labelliser comme vert une technologie qui, en fait, ne l'est pas du tout*.

Cette avancée majeure en termes de transparence a été complétée en 2023 par la loi sur le *reporting* extrafinancier dite « CSRD », dont la négociation a notamment été portée par mon collègue député européen Pascal Durand. Son objectif premier est d'assurer un pilotage stratégique de l'entreprise, de mieux connaître l'impact des grandes entreprises sur leur environnement et, inversement, l'impact de la dégradation environnementale (climat, perte de la biodiversité, pollutions...) sur l'activité de l'entreprise. Et son second élément clé est de demander aux grandes entreprises un « plan de transition climatique » qui explique leur stratégie pour aligner leur modèle économique sur l'accord de Paris.

Cette transparence, à la fois sur la situation actuelle de l'entreprise et sur sa stratégie future, est décisive pour permettre aux investisseurs d'allouer le capital aux entreprises qui opèrent leur transition. Sans ces informations, comment s'assurer que le système financier investit là où il doit investir ? De plus, ce texte très important, et qui fait l'objet depuis sa publication d'un lobbying très intense de certains mouvements d'entreprises pour en réduire la portée, permet de faire le rapprochement entre les comptes financiers et les comptes dits « extrafinanciers ». Car nous avons apporté une exigence déterminante aux plans de transition climat : ils doivent indiquer les investissements associés à la stratégie climatique et à

* Voir chapitre 10, « Nucléaire contre renouvelables : enterrer la hache de guerre », p. 141.

l'atteinte des objectifs. Or, comme me l'a dit le représentant d'une grande entreprise française du CAC40 dans une réunion de travail, aujourd'hui, les entreprises ne sont pas du tout obligées d'assurer la cohérence de ce qu'elles disent aux investisseurs quand elles parlent de leurs résultats financiers et quand, le lendemain à d'autres investisseurs, elles parlent de leur stratégie climat. Deux mondes qui s'ignorent. Deux mondes que nous devons absolument rapprocher pour que le capitalisme puisse réellement fonctionner au service du climat et non au service du dérèglement climatique !

Depuis son adoption, la CSRD est critiquée par de nombreuses entreprises pour sa trop grande lourdeur. Elle fait donc l'objet d'une simplification initiée par la Commission européenne en février 2025 et qui va se poursuivre tout au long de l'année pour parvenir à un nouveau texte à la fin 2025. En tant que négociateur de ce processus de simplification pour mon groupe politique au Parlement européen, je suis de très près tous les arguments. Certains me semblent justifiés. Par exemple, avec les règles actuellement en place, les cabinets d'audit sont obligés de demander à l'entreprise dont ils analysent et certifient les comptes de prouver que tel ou tel risque environnemental n'est pas impactant pour elle. Or la priorité des entreprises doit être d'agir là où l'impact qu'elles ont sur l'environnement est le plus évident. Pas de passer du temps et de l'énergie à démontrer qu'il est faible là où il est limité. Mais, dans cette négociation, je n'oublierai pas l'importance stratégique de la CSRD, à savoir mettre sur un pied d'égalité les données financières et extrafinancières de l'entreprise. Et je note d'ailleurs que de nombreuses entreprises, comme Veolia, la MAIF ou encore IKEA et même Bayer, ont pris position publiquement pour défendre la CSRD. J'espère que cela nous permettra, dans la négociation en cours, de limiter les ajustements à ce qui la rend plus efficace, et non de la vider de son ambition.

Avec ces deux textes – taxonomie et CSRD –, nous avons posé les bases de la transparence. Il nous fallait aller encore plus loin pour connecter le Pacte vert aux règles qui régissent le cœur de l'activité des banques et des compagnies d'assurances, à savoir les règles dites « prudentielles ». De quoi s'agit-il ? Lorsqu'une banque finance un projet (par exemple un prêt immobilier ou un prêt à une entreprise pour acquérir une nouvelle machine), elle prend le risque que le client ne rembourse pas. Elle doit donc mettre un peu d'argent de côté (ce qu'on appelle en termes techniques les « charges en capital ») en cas de problème. Jusqu'à présent, le risque climatique n'était absolument pas pris en compte. Or prenons le cas d'un prêt immobilier à une famille de la région bordelaise. Celle-ci veut acheter une maison dans une zone de plus en plus touchée par le phénomène de l'assèchement des sols argileux qui voit littéralement le sol se dérober sous les fondations de la maison. Si la banque reste aveugle à cette conséquence du changement climatique, elle peut se retrouver dans la situation où la valeur du patrimoine de son client s'effondre et donc l'hypothèque de la banque également. Comment calculer ce risque nouveau ? Quelles sont les conséquences pour la banque si des dizaines de milliers de clients sont concernés ? Autant de questions que nous obligeons maintenant les banques à se poser. Sans apporter de réponses préétablies car, soyons honnêtes, personne n'a de certitude en la matière aujourd'hui. Mais une chose est sûre : ne pas se poser la question est le meilleur moyen de ne jamais y répondre… et donc de ne pas anticiper une crise possible. La mise en œuvre de ces nouvelles règles pour les banques et les compagnies d'assurances est en train de se déployer. Elles seront totalement opérationnelles en 2026. Et, même si cela est invisible d'un point de vue médiatique, elles auront à n'en pas douter des conséquences concrètes sur les futurs prêts aux ménages comme aux entreprises…

Au total, le financement de la transition reste un chantier absolument central et inachevé. Sa réussite conditionnera largement notre capacité à atteindre nos objectifs. C'est pourquoi je me bats au Parlement européen afin de renforcer notre capacité d'investissements publics, et pour que nous accompagnions mieux les entreprises qui prennent les risques des investissements dans les solutions dont nous avons besoin à grande échelle.

CHAPITRE 17

Le Pacte vert, au péril de la montée de l'extrême droite

Nous sommes le 27 novembre 2024 au Parlement européen. Dans quelques minutes, nous allons élire la Commission européenne pour les cinq prochaines années. Les présidents de chaque groupe politique s'expriment pour faire part de leur vote et de leurs attentes vis-à-vis de la nouvelle équipe exécutive pour l'Europe. En tant que président du groupe des Patriotes pour l'Europe, Jordan Bardella a deux minutes et demie de temps de parole. Il en utilisera deux pour attaquer le Pacte vert… et trente secondes pour parler d'immigration.

Le Pacte vert, nouvel ennemi à abattre pour l'extrême droite européenne

Qui aurait prédit que le Pacte vert viendrait un jour supplanter les migrants au tableau de chasse des dirigeants de l'extrême droite ! Ces partis ont toujours été climatosceptiques. Mais, jusqu'à une date assez récente, cet élément programmatique ne faisait pas partie des messages identitaires de leur offre politique. La plupart des lecteurs seront bien en peine de se remémorer une seule mesure portée par le Rassemblement national sur le sujet aux présidentielles de 2017 comme de 2022, sans même mentionner les précédentes. Depuis 2023-2024, l'opposition au Pacte vert européen est devenue, au contraire, une dimension forte du positionnement politique des partis d'extrême droite, et un élément de la synthèse politique de l'« union des droites » liant extrêmes droites et centre droit. D'ailleurs, ce n'est pas par hasard que le sujet choisi par Jordan Bardella en janvier 2025 pour tendre la main au PPE au Parlement européen ait précisément été le démantèlement du Pacte vert. Cette offre est, pour l'instant, restée sans réponse, mais elle montre bien que, pour le RN et ses alliés européens, le Pacte vert est l'ennemi à abattre.

Partout en Europe, le climatoscepticisme fait partie des idées fondamentales de l'extrême droite. En Allemagne, le parti Alternative für Deutschland (AfD), qui est arrivé en deuxième position des élections législatives en février 2025 avec plus de 20 % des voix, déclare ainsi dans sa plateforme électorale pour les élections européennes adoptée en juillet 2023 qu'aucune preuve scientifique n'atteste la réalité d'un risque de changement climatique…

En Espagne, le parti VOX n'a cessé d'attaquer « la religion du climat défendue par Bruxelles ». Lors des événements mortels de Valence en octobre 2024, ce parti a nié tout lien avec le dérèglement climatique et a accusé le gouvernement socialiste d'en être responsable. Nous avons auditionné au Parlement européen, quelques semaines après les inondations dramatiques, la ministre de l'Environnement espagnole, Teresa Ribera, candidate de son pays pour devenir vice-présidente de la Commission européenne en charge de la Transition écologique. Le représentant de

VOX, assis à côté de moi, évoque pendant deux minutes le drame de Valence sans que le mot « climat » soit prononcé. Exactement comme Donald Trump n'a pas eu un mot sur le climat au moment des feux historiques à Los Angeles en janvier 2025 et a ciblé les prétendus manquements de la gestion du parti démocrate.

En France, même si le message n'avait jamais franchi le mur du son médiatique, le programme du RN pour la présidentielle de 2022 revenait déjà sur l'accord de Paris puisqu'il entendait les appliquer « au rythme voulu par la France » alors que, précisément, le cœur de l'accord de Paris, c'est un engagement sur des trajectoires de réduction d'émissions de CO_2 transparentes et compatibles avec l'objectif de limiter le réchauffement en dessous de 2 °C. Dès 2022, le programme de Marine Le Pen est donc la sortie, de fait, de l'accord de Paris, de manière moins assumée que Donald Trump de l'autre côté de l'Atlantique, mais avec le même résultat.

Depuis 2019, au Parlement européen, les députés des partis d'extrême droite, italiens, polonais, espagnols, allemands ou français ont tous, sans exception, voté contre les textes du Pacte vert. Pour ne prendre qu'un seul exemple, ils ont déposé un amendement rejetant la totalité de la loi climat européenne de 2021. Autrement dit, ces partis ne sont pas seulement opposés à tel ou tel objectif chiffré, mais au principe même de l'existence d'une action climatique en Europe !

Compte tenu du poids politique croissant de ces formations politiques, ce qui n'était que du climatoscepticisme idéologique sans effet réel sur nos décisions est devenu une menace pour le Pacte vert. C'est pour cela qu'il faut répondre point par point à leurs attaques et ne rien céder.

L'extrême droite, l'idiot utile des puissances fossiles

En s'opposant aux politiques climatiques, le RN et ses proches au Parlement européen sont les meilleurs alliés des puissances fossiles. C'est le cas, bien sûr, pour le régime de Vladimir Poutine, dont on connaît la proximité avec les mouvements d'extrême droite. Mais c'est aussi le cas avec les pays du Golfe qui sont par ailleurs, cela a été démontré, les premiers financeurs de l'islam radical dans le monde. L'Arabie saoudite défend l'islam wahhabite, courant ultra-rigoriste de la religion musulmane. Le mouvement des Frères musulmans, qui dirigent le Hamas par exemple, est largement soutenu par le Qatar ; Frères musulmans qui cherchent en France à prendre le contrôle de mosquées pour y déployer leur vision fondamentaliste de l'islam, notamment à Lille, à Lyon et à Marseille. Quel rapport avec le climat ? La réponse est simple : que seraient la richesse et l'influence du Qatar sans le gaz ? Que seraient la richesse et l'influence de l'Arabie saoudite sans le pétrole ? Proches de zéro. C'est donc bien l'argent des énergies fossiles qui finance ces régimes et leur volonté de promouvoir et d'imposer un fondamentalisme islamique. En s'opposant au Pacte vert, dont l'objectif est justement de diminuer fortement notre consommation d'énergies fossiles, le RN et ses alliés font le jeu de l'islam radical… qu'ils dénoncent par ailleurs. N'ayons pas peur de le dire : l'extrême droite européenne est l'idiot utile des promoteurs et des financeurs de l'islam radical. La transition écologique est, à mes yeux, aussi un moyen de défendre la République laïque, à laquelle je suis profondément attaché, contre toute forme de fondamentalisme et de communautarisme religieux qui cherche à en saper les bases.

Le RN a voté au Parlement européen contre toutes les règles du Pacte vert visant à décarboner notre économie. Ses élus ont voté contre le marché européen du carbone et contre les standards CO_2 sur les voitures, pour ne prendre que ces deux exemples. Or, dans le même temps, les partis d'extrême droite sont très pronucléaires. En France, le programme du RN prévoit de financer 20 EPR dès 2036, alors que les scénarios de RTE, filiale d'EDF, préconisent d'en construire 14 d'ici à 2050. En Italie, le gouvernement de Giorgia Meloni prévoit de relancer le nucléaire en changeant la loi italienne qui a mis fin au lancement de nouveaux réacteurs. L'extrême droite veut donc produire de l'énergie nucléaire décarbonée... tout en s'opposant farouchement à l'électrification des usages qui permet justement de passer du fossile... au nucléaire. Une voiture thermique roule au pétrole. En France, une voiture électrique... roule au nucléaire. Il est donc pour le moins paradoxal, pour ne pas dire plus, de vouloir augmenter considérablement la production nucléaire tout en s'opposant aux mesures qui permettent de « nucléariser » les usages, dans l'industrie ou les transports. Si nous menions vraiment cette politique, EDF serait immédiatement en faillite puisque cela reviendrait à lui faire investir des sommes considérables dans les EPR tout en l'empêchant de vendre plus d'électricité à la place du gaz dans l'industrie et du pétrole dans les transports.

Le RN contre les intérêts de ses électeurs...

En France, comme ailleurs en Europe, les partis d'extrême droite font des scores électoraux importants dans les zones rurales et périurbaines. Or ce sont les habitants de ces régions qui sont les premières victimes des choix politiques du RN contre le Pacte vert. Les premières personnes exposées aux dangers des pesticides chimiques sont les agriculteurs et les riverains des exploitations. C'est pour cela que la France s'est dotée, en décembre 2019, de mesures pour respecter une distance de sécurité de 20 mètres entre l'épandage de produits et les habitations lorsque le produit contient une substance préoccupante. En s'opposant aux politiques climatiques, le RN contribue à en aggraver les conséquences puisque chaque tonne de CO_2 supplémentaire émise dans l'air vient augmenter les risques liés aux chocs climatiques. Or où vivent les Français qui voient la façade de leurs maisons se fissurer à cause de la sécheresse des sols ? Pas au cœur du 10e arrondissement de Paris ! mais en Occitanie, en Nouvelle-Aquitaine ou encore en Provence-Alpes-Côte d'Azur. Ce sont ces familles qui risquent de perdre l'essentiel de leur patrimoine, l'essentiel de ce qu'ils auraient voulu transmettre à leurs enfants après une vie de travail. Mais qui va racheter une maison qui se lézarde à cause de l'impact du dérèglement climatique ? En s'opposant au Pacte vert, le RN s'oppose aux intérêts directs de ces électeurs.

... et contre notre souveraineté...

Au Parlement européen, Jordan Bardella préside le groupe des Patriotes pour l'Europe. Un groupe bien mal nommé car le patriotisme, c'est justement l'inverse de la vassalisation énergétique. Or, par idéologie antieuropéenne et anticlimat, les députés d'extrême droite votent de fait l'assujettissement de l'Europe aux puissances qui exportent les énergies fossiles. C'est, par exemple, le cas des ultraconservateurs polonais du PIS, qui ont voté contre toutes les lois du Pacte vert au moment même où la dépendance de la Pologne au gaz et au charbon russes leur explosait à la figure. Et cela a contribué à les affaiblir et à leur faire perdre les dernières élections législatives polonaises. C'est pour cela que les partis d'extrême droite cherchent à gommer nos dépendances aux énergies fossiles. En novembre 2023, dans une résolution parlementaire donnant des directions à la diplomatie européenne pour la COP28 sur le climat qui se tenait à Dubaï, le groupe où siègent les députés RN a cherché à faire disparaître par amendement la mention de notre « dépendance aux énergies fossiles* ».

Même sur le sujet migratoire, le positionnement écolo-sceptique de l'extrême droite va à l'encontre de l'objectif de souveraineté. Plus de 20 millions de personnes par an sont maintenant obligées de partir de chez elles à cause des catastrophes climatiques ; d'ici à 2050, ce sont entre 140 et

* Amendements 010-014 déposés à la proposition de résolution donnant des directions à la diplomatie européenne pour la COP28, Bruxelles, Parlement européen, 2023 (disponible à l'adresse : https://www.europarl.europa.eu/doceo/document/B-9-2023-0458-AM-010-014_FR.pdf).

250 millions de personnes qui pourraient être déplacées dans le monde à cause de l'« inhabitabilité » de leurs lieux de vie du fait du changement climatique* ; certaines études parlent même de 1,2 milliard de personnes déplacées d'ici à 2050 pour ces mêmes raisons. Aujourd'hui, ces déplacements existent déjà et sont principalement des mouvements Sud-Sud qui déstabilisent les pays les plus concernés. Mais il est difficile d'imaginer que sur le long terme les impacts sur les mouvements Sud-Nord soient inexistants. Les pays qui sont frappés par cette insoutenabilité climatique deviennent instables, ce qui ouvre la voie à toutes sortes de conflictualités générant davantage de migrations locales et internationales, au détriment premier des personnes concernées, puisque le premier des droits est de pouvoir vivre chez soi en sécurité sans être forcé à la migration.

La stratégie de l'autruche, que ce soit par déni climatique ou par obstructionnisme vis-à-vis des mesures pour y remédier, entre en contradiction directe avec la maîtrise mondiale des flux migratoires forcés. S'opposer à l'action climatique, c'est augmenter les conséquences du dérèglement climatique et donc le nombre de migrants potentiels. Au nom des valeurs qu'ils sont censés représenter, les partis d'extrême droite devraient logiquement être les premiers à vouloir agir pour le climat. C'est évidemment l'inverse de ce qu'ils font, au mépris des aspirations de leur propre électorat…

* Simone Tagliapietra, Klaas Lenaerts, « Climate migration : What do we really know ? », Bruegel, 25 avril 2022 (disponible à l'adresse : https://www.bruegel.org/blog-post/climate-migration-what-do-we-really-know).

... et contre la science

Enfin, les partis d'extrême droite cherchent à effacer la science au profit d'une posture obscurantiste qui est en train de faire des ravages aux États-Unis depuis le retour de Donald Trump. Dans le cadre de la négociation de la résolution du Parlement européen sur la COP28, le groupe du RN a même déposé des amendements pour supprimer les appels à combattre la désinformation liée au changement climatique* ! Les députés RN se placent donc explicitement eux-mêmes du côté des défenseurs de la désinformation et du mensonge aux citoyens européens !

L'ampleur de la désinformation climatique est d'ailleurs encore largement sous-estimée. En janvier 2025, je me déplace à Varsovie pour rencontrer des ministres du gouvernement polonais, qui a la responsabilité de la présidence tournante de l'Union européenne pendant le premier semestre de l'année. Lors du dîner avec le vice-ministre du Climat et de l'Environnement, j'apprends qu'une récente étude commanditée par le ministère de la Justice polonais pour analyser en détail la désinformation russe est arrivée à une conclusion dont je n'avais absolument pas conscience : le sujet numéro un de la désinformation russe en Pologne porte sur... le climat et l'environnement. Cela montre à quel

* Vote d'une partie du groupe ID, dont le RN, contre la partie du paragraphe soulignée ci-après : « *Stresses that climate goals cannot be achieved without the support and involvement of the public, including young people; calls on all Parties to raise awareness of climate change and related issues, combat misinformation and work with public representatives, including non-governmental organisations, to gain public support for mitigation and adaptation measures* » (disponible à l'adresse: https://www.europarl.europa.eu/doceo/document/PV-9-2023-11-21-RCV_EN.pdf (p. 195).

point les mensonges sur le climat font partie de la guerre hybride que nous mène le régime de Vladimir Poutine. Et qu'ils sont relayés et soutenus par toutes les extrêmes droites partout dans le monde.

La dénonciation de ces incohérences, de ces hypocrisies, de ces dangers pour nos démocraties et notre souveraineté, nous devons les répéter sans cesse. Et prendre l'extrême droite à son propre jeu. En s'attaquant au Pacte vert, elle génère plus de migrants en Europe et contribue au financement de l'islam le plus communautariste. Ce ne sont pas les arguments écologiques et progressistes habituels, mais ils viennent chercher les partis d'extrême droite sur leurs propres fondamentaux, et cela me semble aujourd'hui indispensable.

Le combat contre l'extrême droite est au cœur de mon engagement politique, et je ne céderai rien dans la bataille culturelle et politique, française, européenne et mondiale, qui est maintenant engagée et dont l'issue va définir notre monde dans les prochaines décennies.

OUVERTURE

Gagner la bataille du progrès écologique

Depuis 2019, l'Europe s'est engagée dans une révolution sans précédent pour inventer l'économie zéro carbone. Six plus ans plus tard, nous avons changé l'essentiel des règles du jeu et nous sommes, pour de bon, dans cette transformation. Comme tout changement de grande ampleur, la transition écologique est complexe, bouscule les habitudes et les rentes, fait des gagnants… et des perdants, et pose la question de la bonne méthode pour la conduire. Autant d'enjeux profondément politiques, au sens noble du terme, qui feront ou non le succès du Pacte vert, et, plus largement, constituent un véritable cas d'école pour tester la capacité des sociétés démocratiques européennes à réinventer le progrès au XXIe siècle.

Dire que déployer le Pacte vert est – et sera – facile est tout simplement faux. Cela tombe bien… car je ne me suis pas engagé en politique pour faire ce qui est facile, mais pour faire ce qui est nécessaire. Et aucun changement dans notre Histoire ne s'est fait facilement. L'argument de la difficulté ne doit donc en aucun cas nous faire changer de cap. En revanche, l'entrée dans cette nouvelle séquence, où nous passons des intentions aux actes concrets à grande échelle dans un contexte de polarisation et d'instrumentalisation croissante, amène des nouveaux enjeux qu'il nous faut prendre à bras-le-corps. Pour gagner la bataille face à l'offensive anti-Pacte vert de l'extrême droite et d'une partie de la droite, il faut penser ce nouvel âge de l'écologie autour de quelques notions clés.

Créer les instances de négociations écologiques

Comme je l'ai déjà évoqué dans le chapitre « Une théorie du changement pour réussir le Pacte vert », le premier enjeu est celui de la méthode. Formaliser les instances de négociation de la transition comme nous l'avons fait au cours du xxe siècle pour l'État providence est fondamental. Cela concourra à dépolariser le débat, car le résultat de toute négociation est un compromis. Mais un compromis stable qui engage les acteurs et oblige chacun à sortir des postures. Les sujets de négociation ne manquent pas : comment adapter les formations aux nouveaux métiers, quels parcours pour les salariés dont l'emploi est menacé par la transition, quel contrat passer avec un agriculteur qui s'engage à changer ses pratiques, quel accord entre tous les acteurs économiques de la filière des carburants alternatifs au kérosène pour développer ces solutions en France et en Europe, etc.

Or, sur quasiment aucun des sujets clés pour l'opérationnalisation de la transition, ces lieux de négociation existent. L'écologie du contrat et la négociation écologique sont donc largement à construire. Et à construire d'urgence ! Certaines négociations doivent avoir lieu au niveau régional, d'autres au niveau des États, d'autres enfin au niveau européen. Il est frappant, depuis le Parlement européen, de constater que nous passons des centaines d'heures de négociation pour édicter une règle. Puis, presque aucune pour négocier les conditions de réussite de sa mise en œuvre…

Prenons un exemple concret issu d'une discussion avec le patron de la branche bus et cars de l'entreprise allemande Daimler. Nous avons mis les fabricants de bus et de cars dans l'obligation de réduire les émissions de CO_2 des véhicules qu'ils mettent sur le marché. Ces émissions doivent avoir baissé de 45 % d'ici à 2030. Pour les bus, nous sommes en bonne voie car les villes et les régions, qui commandent l'essentiel des véhicules, sont engagées dans cette direction, pour des raisons tant climatiques que de santé publique et de lutte contre la pollution de l'air. Mais, pour les cars, c'est une tout autre réalité. Les ventes de cars zéro émission ne décollent pas. Or les cars qui transportent les groupes de touristes, pour ne prendre que cet exemple, passent par des lieux incontournables : les aéroports, les parcs de loisirs comme Disneyland Paris ou les grands monuments comme le château de Versailles, etc. Un opérateur touristique n'achètera jamais un car zéro émission, électrique ou hydrogène, s'il n'a pas la certitude qu'il pourra recharger son car lorsqu'il attend la journée dans les lieux touristiques clés.

Mais, aujourd'hui, personne, absolument personne, ni en France ni en Europe, n'a mis autour de la table les fabricants de cars, de bornes de recharge électrique et hydrogène, les propriétaires des cinquante plus grands équipements touristiques européens et quelques acteurs publics pour organiser, planifier, le déploiement des infrastructures nécessaires. Comme ce n'est de la responsabilité de personne, eh bien, la conclusion logique est qu'il ne se passe… rien. Et les fabricants de cars nous disent qu'il leur sera absolument impossible de tenir les objectifs que nous leur avons assignés pour 2030.

En France, le Secrétariat général à la Planification écologique (SGPE) pourrait être l'initiateur de ce type de formats de négociation. Jamais nous n'aurions réussi le déploiement de l'État providence au XXe siècle, qui a changé nos vies, nos économies et nos sociétés, sans lieux solides de négociation. Et d'ailleurs, quand ils font défaut, comme sur les évolutions des régimes de retraite en France, à la différence d'autres pays européens, cela se ressent fortement. De la même manière que le renforcement de la démocratie sociale est clé pour trouver les moyens de moderniser notre modèle social, créer les lieux de la démocratie écologique est une des conditions du succès de la transition dans nos démocraties politiques.

Valoriser les politiques qui ont changé la donne

Le deuxième enjeu est de mieux valoriser nos réussites collectives, les solutions qui fonctionnent, les politiques qui ont changé la donne. Donnons là encore quelques exemples. Les émissions de CO_2 ont diminué de 8 % en 2024 en Europe. Record historique. Qui le sait ? La pollution de l'air a été divisée par deux en vingt ans en Île-de-France, réduisant les décès prématurés et diminuant les souffrances des enfants et des personnes âgées. Qui le sait ? La Chine va atteindre le pic de ses émissions de CO_2 en 2025, soit cinq ans avant l'objectif fixé, ce qui représente la meilleure nouvelle possible sur le front du climat. Qui le sait ? Tout cela ne tombe pas du ciel. C'est le résultat de choix politiques, d'investissements qui se font dans la durée et qui portent leurs fruits. Combien de fois, en mettant en avant ces bonnes nouvelles, je me suis heurté au scepticisme, et d'abord au sein du monde écologique lui-même. Combien de fois ai-je constaté une sorte de préférence pour le négatif, pour la mauvaise nouvelle ?

Or la transition ne réussira pas sans donner de l'espoir, sans montrer que « oui, c'est possible », sans s'appuyer sur les énergies positives qui façonnent l'Histoire. Les parents, les entraîneurs, les managers savent bien que mettre en avant les réussites, même partielles, est un moyen essentiel pour que les enfants et les équipes aillent plus loin. Pourquoi en serait-il autrement pour nos sociétés ? J'ai de mon côté toujours défendu l'« écologie positive ». Je rencontre en permanence les entrepreneurs et les élus qui inventent les solutions, qui en bavent plus que de raison, mais qui ne perdent pas la foi dans leur projet. Ce sont eux qui me donnent aussi des idées pour changer à grande échelle les règles du jeu. Je suis convaincu que mieux partager ces énergies positives fait partie des recettes du succès car l'espoir est un carburant déterminant de l'acceptation et du désir de changement.

L'Europe est aujourd'hui au milieu d'une bataille géopolitique et industrielle avec la Chine et les États-Unis. Nous devons être conscients des défis à relever. Mais nous devons aussi être capables de valoriser nos points forts. Les leaders mondiaux de l'efficacité énergétique sont européens. Les leaders mondiaux de la recherche sur les biotechs appliquées à la transition sont européens, comme Carbios, une entreprise innovante basée en Auvergne, qui développe le recyclage de plastiques à partir d'enzymes naturelles qui « mangent » les déchets. Nous sommes en pointe sur des segments technologiques des énergies renouvelables comme l'énergie osmotique qui consiste à produire de l'électricité en jouant sur la différence de concentration de sels entre l'eau de mer et l'eau douce. Ce sont des brevets liés à la recherche publique du CNRS qui sont maintenant exploités par la société Sweetch Energy, basée en Bretagne, avec un potentiel considérable. J'échange régulièrement avec les dirigeants de ces entreprises. Ils donnent de l'espoir dans notre capacité à trouver les solutions et à le faire, ici, en Europe.

Avec l'écologie, garder le contrôle de nos vies

Le troisième enjeu est de mieux relier l'écologie au fait de garder le contrôle de nos vies. Au XXIe siècle, deux tendances de fond peuvent faire perdre à l'humanité le contrôle de son avenir. La première est le pouvoir démesuré de l'intelligence artificielle et des algorithmes. La seconde est le dérèglement climatique incontrôlé qui mettra en péril notre prospérité et notre sécurité alimentaire, provoquera des flux migratoires qui déstabiliseront les sociétés et la multiplication des conflits associés. En 2024, les ministères de la Défense et des Affaires étrangères allemands ont commandé à l'Université des armées un rapport sur les menaces multidimensionnelles qui pèsent sur la sécurité de l'Allemagne et de l'Europe. Résultat : la première menace au cours de ce siècle, en dehors bien sûr du déclenchement d'une guerre qui relève de la menace militaire classique, est le changement climatique incontrôlé*. La transition écologique est donc un projet politique dont la finalité ultime est que l'humanité garde le contrôle d'un

* *Consortium National Interdisciplinary Climate Risk Assessment*, 2025 (disponible à l'adresse : https://metis.unibw.de/en/nike/).

avenir pacifique. C'est pour cela que pour moi l'écologie est l'humanisme du XXIe siècle. Ce n'est d'ailleurs pas un hasard si les scientifiques du GIEC ont reçu le prix Nobel de la paix. Parce qu'un monde qui ne contrôle pas le dérèglement climatique est un monde qui sera très certainement un monde en guerre.

Or garder le contrôle de nos vies est bien le cœur du projet humaniste et démocratique qui fonde nos sociétés européennes, et c'est une dimension clé de la souveraineté. Il n'y a pas de souveraineté sans contrôle. C'est d'ailleurs la grande supercherie des projets politiques d'extrême droite qui fleurissent partout et qui font penser qu'il suffirait de s'enfermer derrière des frontières nationales pour reprendre le contrôle. « *Take back control* » était le slogan des Brexiters au Royaume-Uni. Cinq ans après le Brexit, la majorité des Britanniques voteraient contre le Brexit, et les flux migratoires, en 2024, n'ont jamais été aussi importants au Royaume-Uni, alors que le retour aux frontières nationales était justement présenté comme la clé pour y mettre fin.

L'un des enjeux politiques majeurs de la période est la compétition électorale au sein des démocraties pour savoir qui sera le mieux capable de répondre à cette demande de contrôle. L'écologie, comme les sujets migratoires ou les sujets financiers, fait partie de ce champ de bataille idéologique. Le premier argument qui convainc les Français de la nécessité de réduire la dette publique n'est pas économique. Il repose sur la conviction que le niveau atteint par notre dette nous fait perdre le contrôle de notre avenir financier. Qu'un pays avec 115 % de dette publique n'est plus réellement souverain.

Montrer bien davantage que nous le faisons aujourd'hui que l'écologie est un facteur qui nous permet de garder (ou de reprendre) le contrôle est, selon moi, essentiel. Pour ne rappeler qu'un seul exemple, notre dépendance aux énergies fossiles nous a explosé à la figure au moment de l'invasion de l'Ukraine par la Russie et a généré deux années d'inflation qui ont déstabilisé les équilibres financiers déjà fragiles de millions d'Européens. J'ai montré dans différents chapitres de ce livre par quels mécanismes le Pacte vert pouvait nous rendre plus souverains. Je suis profondément convaincu de la souveraineté écologique, ou pour être plus précis de la dimension écologique indispensable de notre souveraineté. Remporter la victoire dans la bataille politique face à l'extrême droite en Europe passe par la réaffirmation systématique de la capacité du logiciel progressiste à proposer une souveraineté positive qui passe notamment par la construction d'une Europe puissance.

Revisiter le lien avec la notion de puissance fait partie des enjeux du nouvel âge de l'écologie lié à la séquence ouverte par le Pacte vert. Pendant très longtemps, et encore largement aujourd'hui, le monde écologique traditionnel a associé climat et bien public mondial, coopération internationale et solidarité. Cela est toujours vrai car 1 tonne de CO_2 émise en Chine ou au Brésil produit exactement le même effet que 1 tonne de CO_2 émise en Europe. C'est pour cela qu'on ne gagnera pas la bataille du climat sans un espace multilatéral fort fondé sur une réalité simple : l'humanité partage la même planète ! Au moment où j'écris ces lignes, cela peut, *a priori*, paraître une utopie. Je crois, au contraire, que le retour de Donald Trump à la Maison Blanche redonne sa grandeur au multilatéralisme. Et que l'un des enjeux des années 2025 et 2026, avant une éventuelle défaite de Trump aux élections de mi-mandat aux États-Unis, est d'organiser la résistance du système multilatéral aux attaques en règle venues de Washington.

Le Pacte vert, outil de puissance pour l'Europe

Mais des bonnes nouvelles sont déjà là. En février 2025, soit un mois après l'arrivée de la nouvelle administration américaine, un accord international a été trouvé à Rome sur le financement de la restauration de la biodiversité. Il inclut par exemple le doublement d'ici à 2030 des financements des pays du Nord vers les pays du Sud pour protéger la nature. Les États-Unis ne sont pas membres de la convention onusienne sur la biodiversité. Et c'est d'ailleurs pour cela que l'on a réussi à trouver un accord ! Car l'ensemble des autres pays étaient prêts aux compromis nécessaires pour envoyer un message clair : le multilatéralisme n'est pas mort.

Un autre accord international a été trouvé en avril 2025 à Londres, là aussi après des années de négociations, pour mettre en place une taxe carbone mondiale sur les émissions du secteur maritime. Au sein de l'Organisation maritime internationale, 63 pays ont voté pour cet accord, dont l'Union européenne, le Brésil, la Chine, l'Inde, etc., et 16 contre, notamment les grands pays producteurs de pétrole, qui sert à la fabrication du kérosène, comme l'Arabie saoudite, les Émirats arabes unis ou la Russie. Et les États-Unis se sont retirés des négociations à la suite du retour de Donald Trump. Cet accord s'appliquera partout, même dans les pays qui ont voté contre. Ce qui a déclenché la colère de la Maison Blanche, menaçant de représailles tous les pays qui « taxeraient » les navires américains.

Car, et c'est là un événement nouveau, l'entrée de la transition écologique des intentions louables au monde réel oblige à penser la transition non seulement en termes de solidarité et de coopération, mais aussi, et de plus en plus, en termes de puissance et de compétition. Comme je l'ai détaillé dans les chapitres sur le commerce ou sur la compétitivité industrielle, le Pacte vert peut se lire comme un outil de puissance européen, édictant des règles qui s'appliquent aussi au reste du monde. La Turquie et le Japon vont se doter en 2026 d'un marché du carbone sur leurs industries pour éviter de verser trop d'argent à l'Europe *via* notre nouveau mécanisme d'ajustement carbone aux frontières. La Malaisie et le Vietnam ont adopté en 2025 de nouvelles lois pour l'exploitation de leur forêt pour éviter d'être pénalisés par la loi européenne contre la déforestation importée, etc.

Mais, à l'inverse, les États-Unis envisagent de prendre une loi qui empêchera les entreprises américaines de transférer leurs données d'impact sur le climat à Bruxelles, alors que la loi européenne CSRD oblige les filiales des grandes entreprises non européennes vendant en Europe à déclarer leur impact climatique à partir de 2028. Et la Chine essaie d'inonder le marché européen de batteries électriques à prix cassé pour empêcher la constitution d'une véritable industrie de la batterie en Europe, qui viendrait éroder son quasi-monopole sur ce secteur.

Pourquoi est-il important de rappeler cela ? Parce que les citoyens européens ne sont pas dupes. Ils savent que, quels que soient les accords internationaux que nous pourrons trouver, nous vivons dans un monde de compétition géopolitique et géoéconomique. Et ils veulent que leur pays, leur continent ne perdent pas la bataille. Nous devons donc bien plus qu'avant montrer en quoi une partie de notre avenir en termes d'affirmation de puissance, de souveraineté énergétique et technologique repose sur notre capacité à réaliser le Pacte vert, ce que j'ai essayé de démontrer tout au long de cet ouvrage. Sur tous les sujets, la bonne articulation entre concurrence et coopération est une question politique clé depuis la nuit des temps. Les États coopèrent pour adopter des standards communs de définition des diplômes de l'enseignement supérieur… puis se font concurrence pour attirer les meilleurs étudiants. Certains se dotent de l'arme nucléaire… puis créent une agence internationale de l'énergie atomique et adoptent un traité de non-prolifération. La transition écologique n'échappe pas à cet équilibre. Tous les pays du monde s'engagent à Dubaï à la COP28 en 2023 à multiplier par trois la production mondiale d'énergies renouvelables d'ici 2030… puis se livrent à une compétition féroce pour gagner les nouvelles parts de marché. Il n'y a donc pas d'opposition entre une logique internationaliste de coopération et une logique « réaliste » de concurrence. Le pilotage de la transition jouera sur les deux leviers, encore faut-il que le discours politique rende explicite cette réalité pour nos concitoyens.

Une écologie « régalienne »

Parallèlement aux notions d'écologie souveraine et de puissance écologique, le concept d'« écologie régalienne » doit également être travaillé. Faisons un pas de côté. Dans un monde turbulent, les enquêtes d'opinion montrent que les Français et la majorité des Européens sont en attente d'une puissance publique capable de se faire respecter. Les progressistes doivent être en mesure de répondre à cette attente, mais avec leur propre logiciel. Lutter contre l'évasion fiscale des plus riches est un enjeu régalien car cette évasion symbolise l'incapacité des États à faire respecter leurs règles. Définir les cadres d'une filière légale d'immigration de travail et être capable de les faire respecter en disant oui à certaines personnes, et non à d'autres, fait partie d'une approche progressiste du régalien.

Qu'en est-il du Pacte vert ? On l'a vu, la première cause d'augmentation des flux migratoires est le dérèglement climatique incontrôlé. Agir pour le climat, c'est donc faire preuve de solidarité avec les personnes concernées qui veulent, avant tout, avoir le droit de continuer à vivre chez elles, et c'est aussi contribuer à limiter les flux migratoires supplémentaires. En s'opposant à ces politiques, les partis d'extrême droite et d'une partie de la droite sont donc les premiers générateurs de migrations subies et trahissent ainsi les aspirations de leurs électeurs.

Sur le plan des échanges commerciaux, le Pacte vert est un outil régalien. Depuis plusieurs années, nous faisons adopter des clauses miroirs imposant aux entreprises non européennes qui vendent chez nous le respect nos règles d'accès au marché unique. À la fin de l'année 2024, dans la « Vision pour l'agriculture » de la nouvelle Commission européenne, nous avons gagné le fait qu'en matière agricole ces clauses miroirs deviennent la règle et non l'exception. Et, pour les industriels, je me bats afin que l'on renforce drastiquement les contrôles sur les importations qui ne respectent pas nos normes sanitaires et environnementales.

Prenons un exemple récent. Au printemps 2025, nous avons voté la fin des PFAS et des bisphénols dans les jouets commercialisés en Europe. C'est une grande victoire pour la santé de nos enfants qui, depuis des décennies, mâchonnent des anneaux de dentition avec du bisphénol et jouent avec des poupées en plastique contenant des PFAS. Les industriels qui produisent en Europe respecteront ces règles, je n'en doute pas. Il en est probablement de même pour ceux qui produisent en Chine, mais qui ont une réputation de marque à défendre. Qu'en sera-t-il des jouets chinois vendus par une entreprise chinoise sur une plateforme chinoise comme Temu ? Une étude de la Fédération européenne des jouets a montré que 95 % des jouets achetés sur Temu n'étaient pas conformes aux règles européennes en matière de santé. Je conseille donc tout simplement aux parents de ne pas acheter de jouets sur Temu pour leurs enfants ! Mais je trouve tout à fait anormal que ces jouets puissent continuer à être commercialisés. Aujourd'hui, il est légalement impossible de les interdire car Temu est une plateforme dont la responsabilité n'est pas engagée par les produits qu'elle vend. Établir une véritable responsabilité juridique des Amazon, Shein, Temu… pour mettre de l'ordre dans ce qui est vendu aux consommateurs européens fait partie d'une affirmation régalienne de la puissance publique face aux géants du numérique. Et c'est un élément clé d'une écologie régalienne qui prône le juste commerce.

Les héros du climat

Enfin, pour gagner la bataille politique de la dépolarisation, il faut que l'écologie s'adresse à tous. J'échange régulièrement avec François Gemenne, politologue reconnu sur les questions environnementales, et j'ai été marqué par l'un de ses raisonnements. Selon lui, aujourd'hui les « héros du climat » sont les figures médiatiques des collectifs militants, souvent de jeunes diplômés âgés entre 20 et 30 ans. Or, poursuit-il, les « héros du climat », ce sont aussi les artisans qui isolent vos combles, les ouvriers qui fabriquent des voitures électriques à la chaîne, ou encore les agriculteurs qui, pour diminuer l'impact négatif de l'épandage des pesticides sur la biodiversité et notamment sur les abeilles, ont décalé leur organisation du travail et épandent entre les deux heures qui précèdent le coucher du soleil et les trois heures qui le suivent, et qui travaillent donc dorénavant la nuit ! Combien de personnes, et je m'inclus dedans, sont-elles prêtes à travailler la nuit pour diminuer leur impact sur l'environnement ? Ce sont eux qui font la transition et qui l'ancrent dans nos vies quotidiennes. Or qui leur apporte cette reconnaissance ?

Un autre échange m'a également beaucoup éclairé. Théodore Tallent est doctorant à Sciences Po. Il étudie les perceptions autour de l'écologie dans les territoires périurbains et dans les catégories socioprofessionnelles populaires. Ces Français considèrent largement que « l'écologie, ce n'est pas pour eux ». Mais tout le travail de Théodore Tallent consiste à aller au-delà de cet *a priori*. Ces mêmes Français accordent beaucoup d'importance au jardinage par exemple. 7 Français sur 10 possèdent un jardin. 30 % d'entre eux, soit 21 % des Français, résidant par définition très largement en dehors des grandes métropoles ont un jardin à des fins de culture alimentaire et pas simplement de loisirs. 21 % des Français pratiquent donc, dans le jargon écologique, des « circuits courts » et une « relocalisation alimentaire ». Mais pour ces Français cela s'appelle juste « faire son jardin » ! Et, là encore, qui reconnaît cela et le valorise ? 21 % des Français font de l'écologie sans le savoir. Parler jardinage, c'est parler écologie à 1 Français sur 5, dont l'immense majorité pense, aujourd'hui, que l'écologie est un discours déconnecté porté par des élites urbaines des grandes métropoles mondialisées…

Parler à tous, c'est aussi parler de l'écologie en des termes qui la relient davantage à des valeurs conservatrices et d'identité. Car n'en parler qu'en termes progressistes, c'est, *de facto*, acter la polarisation du sujet. Le Royaume-Uni est l'un des pays au monde qui compte le plus de fermes éoliennes offshore. Tout simplement parce qu'il y a beaucoup de vent et de littoraux. Mais, pour transformer ce capital naturel en activité économique de grande ampleur, les gouvernements britanniques, conservateurs comme travaillistes, ont fait le détour par l'identité nationale en adoptant très tôt le slogan : « *British wind is British energy.* » Comme me le disait un représentant d'ONG rencontré à Londres, il est *unbritish* de s'opposer au développement des parcs éoliens car ils font maintenant partie de l'identité nationale du pays. Une réalité qui n'a pas franchi la Manche puisque je n'ai pas entendu dire qu'il était « antibreton » de s'opposer au développement des parcs éoliens offshore de ce côté-ci du Channel ! En France, c'est le nucléaire qui occupe cette place identitaire dans les discours politiques sur l'énergie. On le voit bien, l'enjeu politique ne réside pas seulement dans les avantages et les inconvénients comparés de chaque technologie, mais dans l'association entre une technologie et une identité, nationale, territoriale ou culturelle. Construire cette appropriation identitaire est un chantier majeur qui doit sans cesse être remis sur le métier, et dont les progressistes ne doivent pas avoir peur !

Tous ces leviers renouvellent le récit politique autour de l'écologie. L'objectif est simple et historique : gagner la bataille du Pacte vert et remporter la guerre culturelle initiée par l'internationale réactionnaire, aux États-Unis comme en Europe. Ce livre se veut une pierre à cet édifice.

ANNEXE

Qui décide quoi en Europe ?

« Bruxelles impose… », « L'Europe a décidé que… ». Combien de fois avez-vous entendu ces formules journalistiques qui deviennent, sur les bancs antieuropéens, le « diktat de Bruxelles » ? Ces critiques rencontrent d'autant plus d'écho que les Européens, et en particulier les Français si j'en crois les sondages, ignorent largement la façon dont les décisions se prennent à Bruxelles. Rien d'étonnant à cela puisque les médias en sont largement absents. Pour suivre le travail démocratique des institutions européennes… on ne trouve aucun correspondant de TF1, ni de BFMTV, ou encore de M6, de RTL ou du *Parisien*, ni évidemment de CNews ou d'Europe 1. Seuls des médias comme Arte, *Le Monde*, *Les Échos*, *Libération* et le service public audiovisuel – France Télévisions et Radio France – disposent de correspondants qui couvrent régulièrement les décisions prises, les débats qui réunissent ou opposent les pays membres de l'Union et les forces démocratiques au Parlement européen. Bref, la vie de la démocratie européenne. Pour l'anecdote, lorsque Ursula von der Leyen est confirmée présidente de la Commission européenne en juillet 2019 par le Parlement européen, cela donne lieu à une brève du 20 heures de France 2 qui commence par « À l'étranger »… alors que le vote a lieu à Strasbourg !

Le Parlement : Strasbourg ou Bruxelles ?

Commençons notre tour d'horizon rapide des institutions européennes par le Parlement. Les 720 députés qui y siègent aujourd'hui ont été élus pour cinq ans lors des dernières élections européennes de juin 2024. Ces élections ont lieu au même moment dans les 27 pays de l'Union. Le Parlement a un double siège officiel : Strasbourg, où nous nous réunissons une semaine par mois en séance plénière ; et Bruxelles, où nous siégeons le reste du temps. Pourquoi ces deux sièges ? Strasbourg a été choisie en 1952 comme symbole de la réconciliation franco-allemande et de la paix de retour sur le continent. Paix qui est la finalité profonde de la construction européenne après deux guerres mondiales ayant pris leur origine en Europe et dévasté notre continent. Mais aucun espace démocratique ne fonctionne avec un exécutif dans une ville (la Commission européenne est depuis sa création en 1958 localisée à Bruxelles) et un Parlement dans une autre située à plus de 430 kilomètres. Comment travailler ensemble ? Comment organiser des négociations fluides et régulières ? La réponse à ces questions pratiques a été la création d'un second siège du Parlement européen à quelques centaines de mètres de la Commission et du Conseil dans ce qui est devenu le « quartier européen » de la capitale belge.

Le Parlement a aujourd'hui beaucoup de pouvoirs, notamment grâce aux modifications des traités européens de 1992 (traité de Maastricht) et de 2009 (traité de Lisbonne). Il est le colégislateur aux côtés des États dans la plupart des domaines où l'Union agit : climat, environnement, énergie, migrations, droits humains, marchés financiers, numérique… Autrement dit, quand une loi européenne (que l'on appelle « directive » ou « règlement » dans le vocabulaire juridique de l'Union) est proposée par la Commission européenne, elle part ensuite en même temps au Conseil et au Parlement. Chaque institution négocie et amende le texte initial. Au Parlement, les textes sont d'abord négociés et votés dans les commissions parlementaires puis en séance plénière. Les textes du Pacte vert concernent plus particulièrement les commissions de l'Environnement, de la Santé publique et de la Sécurité alimentaire, celle de l'Industrie, ou encore de l'Agriculture.

Une fois adopté par la plénière, le texte amendé devient la version officielle du Parlement. Les États membres suivent le même processus en parallèle, et nous arrivons, en règle générale douze mois après la publication de la proposition législative, à la phase finale de la négociation démocratique, appelée le « trilogue ». Ce trilogue réunit les deux colégislateurs, le Conseil et le Parlement, et la Commission européenne qui vient apporter son expertise technique pour trouver les compromis entre les positions du Conseil et celles du Parlement. Cette phase de négociation dure entre un et six mois, selon que les positions des deux institutions divergent fortement ou non. Les premiers trilogues ont lieu de jour, mais les trilogues finaux ont lieu la nuit. Ils commencent en fin d'après-midi et se terminent, quand tout va bien, au milieu de la nuit. Une habitude de négociation qui s'explique, je crois, par le fait qu'il est communément admis qu'à 3 heures du matin la fatigue pousse au compromis ! En cas d'échec d'un trilogue qui était prévu comme « conclusif », une nouvelle réunion est organisée dans la foulée, par exemple à midi après quelques heures de sommeil s'il y a urgence, ou quelques jours plus tard, le temps de trouver les voies et moyens du compromis final. Une fois que l'accord est scellé entre les États et le Parlement, il acquiert force de loi et entre en vigueur au *Journal officiel de l'Union européenne*, comme c'est également le cas des lois en France.

En règle générale, il se passe autour de douze à dix-huit mois entre la publication de la proposition de directive ou de règlement par la Commission européenne et son adoption définitive. Beaucoup trouveront cela trop long. Et nous sommes bien sûr capables d'aller nettement plus vite en cas d'urgence. Ainsi, après l'invasion de l'Ukraine par la Russie. Il aura fallu deux mois pour voter et déployer une enveloppe de 500 millions d'euros afin de renforcer la production de munitions en Europe. Mais, à l'inverse, en temps normal, ces douze à dix-huit mois sont le temps de la délibération démocratique européenne, un élément de stabilité dont le chaos trumpien et la « tronçonneuse » argentine de Javier Milei nous montrent, si besoin l'était, toute la valeur. On est donc bien loin du « diktat de Bruxelles » imposé par des fonctionnaires non élus et sans légitimité !

Toutes les lois du Pacte vert qui rythment cet ouvrage ont suivi ce parcours et, en tant que président de la commission de l'Environnement, j'ai eu l'honneur de présider des dizaines de trilogues entre 2019 et 2024.

La Commission européenne et ses différents pouvoirs

La Commission européenne est l'exécutif européen. C'est elle qui a le « monopole de l'initiative législative ». Autrement dit, aucune loi européenne ne peut être présentée par une autre institution. Dans les faits, si les chefs d'État et de gouvernement intiment, dans des conclusions unanimes, à la Commission européenne de légiférer sur tel ou tel sujet, celle-ci s'exécute. Et le Parlement a également sa technique pour obliger la Commission à agir. Il peut voter des textes dits « d'initiative législative », qui, une fois adoptés en plénière, doivent être repris par la Commission européenne dans un texte ayant force légale, ouvrant alors le processus formel de négociation dont le point final est le trilogue.

La Commission est présidée depuis juillet 2019 par Ursula von der Leyen. Sa nomination a été proposée, comme le prévoient les traités, par les chefs d'État et de gouvernement réunis en Conseil européen, le 2 juillet 2019, juste après les élections européennes de mai. Puis votée par une majorité du Parlement européen le 16 juillet suivant. C'est dans son discours devant le Parlement pour la confirmation de son investiture qu'Ursula von der Leyen a officiellement lancé le Pacte vert. Proposée de nouveau par les leaders européens le 28 juin 2024, sa seconde nomination a été également confirmée par le Parlement en juillet 2024 et elle effectue ainsi son deuxième et dernier mandat, comme le fit avant elle Jacques Delors par exemple, président de la Commission européenne de 1985 à 1994.

Les traités européens donnent à la Commission européenne différentes responsabilités que j'illustrerai avec des exemples issus du Pacte vert.

La première responsabilité est d'initier les lois européennes. Avant de publier une directive ou un règlement, qui seront ensuite négociés par le Parlement et le Conseil, la Commission organise de nombreuses consultations avec les parties de l'économie et de la société les plus concernées par ces projets. Cette phase de consultation, généralement invisible dans les médias, est le premier temps démocratique où la société civile organisée – les entreprises, les ONG, les syndicats, etc. – répond aux questions de la Commission. Ces réponses alimentent les analyses de la Commission et lui permettent de juger le degré de soutien à telle ou telle idée. Ainsi, en mars 2023, la Commission a lancé sa consultation sur l'objectif climatique que l'Europe devrait se fixer pour 2040. Les entreprises donnent leur avis en se fondant sur leurs propres analyses, les ONG font de même de leur côté. À titre d'exemple, alors que les ONG défendent 95 % de réduction d'émissions de CO_2 d'ici à 2040 par rapport aux niveaux de 1990 sur la base des rapports scientifiques, Shell soutient un maximum de 78 %. C'est la première phase d'exposition des arguments pour ou contre les mesures envisagées par les différentes forces en présence, que nous retrouverons tout au long du processus de négociation des lois. Puis, s'appuyant sur les résultats de cette consultation et des échanges informels avec les États et les groupes politiques du Parlement, la Commission décide de présenter un texte de loi. Ce texte est voté par le collège des Commissaires qui se réunit chaque mercredi matin à Bruxelles, exactement à l'image du Conseil des ministres en France qui est l'instance de validation collective d'un projet de loi gouvernemental. La loi suit ensuite son cours décrit plus haut, au Conseil, au Parlement et enfin en trilogue.

La Commission a également un pouvoir d'exécution direct dans un domaine très sensible pour les États et les grandes entreprises, celui de la concurrence et des aides d'État. La règle en Europe est qu'une entreprise ne peut pas être subventionnée par un État au-delà d'un seuil de 300 000 euros sur une période de trois années glissantes. Mais cette règle est (heureusement) truffée d'exceptions qui permettent aux États de subventionner les entreprises lorsque celles-ci investissent dans des projets utiles à la décarbonation de notre économie par exemple. Définir si oui ou non une subvention de l'État français à EDF pour financer la construction de nouvelles centrales nucléaires est conforme au droit européen de la concurrence relève du ressort exclusif de la Commission européenne. C'est d'ailleurs pour cela qu'une entreprise comme EDF dispose à Bruxelles d'une équipe d'« affaires publiques » – autrement dit de lobbying – de 25 personnes pour suivre les dossiers qui impacteront fortement la vie de l'entreprise.

C'est aussi la Commission européenne qui négocie en notre nom les accords internationaux dans les domaines où les traités le prévoient, comme les accords commerciaux ou les accords climat. Les États fixent un mandat de négociation qui cadre les objectifs que la Commission poursuit dans les négociations. Puis la Commission valide l'accord qui doit ensuite être ratifié par le Parlement européen et par une majorité qualifiée d'États membres. Lors des COP climat annuelles, c'est le commissaire en charge du climat qui est à la manœuvre pour négocier au nom des 27.

Enfin, la Commission dispose également d'un pouvoir de sanction. C'est elle qui peut poursuivre un État membre de l'Union en justice, devant la Cour de justice de l'Union européenne (CJUE), pour non-mise en œuvre d'un texte de loi et donc non-respect des engagements pris. L'environnement est justement l'un des secteurs où la Commission est le plus souvent amenée à utiliser ce pouvoir car c'est un domaine où les États manquent régulièrement la cible fixée. Ainsi la France a-t-elle été traduite à plusieurs reprises devant la Cour de justice pour non-respect de la législation environnementale. Par exemple, elle n'a pas respecté les limites de nitrates dans l'eau potable dans 107 zones d'approvisionnement. La CJUE a également traité des cas de dépassement des seuils de pollution de l'air dans plusieurs grandes villes comme Paris et Marseille. Et parfois cela prend des proportions politiques majeures. Alors que les Pays-Bas sont régulièrement condamnés pour non-respect de la directive nitrates en raison des rejets générés par les élevages intensifs, en 2022 le gouvernement adopte un plan radical visant à réduire ces émissions et à permettre au pays de suivre enfin les normes européennes en la matière. Cette action déclenche une forte mobilisation agricole qui aboutit à la victoire en 2023 du parti politique Mouvement des agriculteurs-citoyens (BBB : BoerBurgerBeweging) aux élections provinciales.

Cette diversité de fonctions est le résultat des couches historiques de la construction européenne et de la capacité des États, au moment de la négociation des traités, à se mettre d'accord pour transférer – ou non – un certain nombre de compétences. Ainsi, si la Commission n'a aucun pouvoir en matière de politique de défense et commence seulement à organiser la coordination de nos industries de ce secteur en 2024, c'est parce que les États ont souhaité conserver l'intégralité de cette compétence, notamment après le rejet français de la Communauté européenne de défense en… 1954. À l'inverse, si la Commission européenne est très puissante en matière de droit de la concurrence, c'est parce que les États ont décidé de construire un marché unique européen et de faire respecter par une instance neutre les règles qui évitent des concurrences déloyales entre nous. Ces compétences ont donc une histoire et elles constituent une matière vivante, que le Pacte vert et les événements géopolitiques et économiques récents contribuent à modifier. Ainsi, à la suite de l'invasion de l'Ukraine par la Russie, les États ont, pour la première fois, donné pouvoir à la Commission de négocier des accords d'approvisionnement en gaz en leur nom. Et, alors que l'Europe était frappée par l'épidémie de covid en 2020, les États et le Parlement ont autorisé la Commission à lever de la dette européenne, ce qu'elle n'avait jamais eu le droit de faire jusque-là.

Le rôle du Conseil

Finissons ce tour d'horizon rapide du fonctionnement de la prise de décision au sein de l'Union par l'instance qui réunit les États membres. On distingue le Conseil européen qui réunit plusieurs fois par an les chefs d'État et de gouvernement pour donner les grandes orientations et prendre les décisions les plus engageantes qui ne peuvent être prises uniquement au niveau ministériel. Ainsi, ce sont les chefs d'État et de gouvernement qui ont validé en décembre 2019 l'objectif d'atteindre la neutralité carbone en 2050. 26 leaders sur 27 ont soutenu cet objectif, qui n'a fait l'objet d'une opposition que de la part du Premier ministre polonais de l'époque, l'ultraconservateur Mateusz Morawiecki. C'est aussi le Conseil européen qui a décidé, après quatre jours et quatre nuits de négociations *non-stop*, de lancer le plan de relance européen de 800 milliards d'euros pour sortir l'économie européenne de la crise du covid. Les autres décisions – les plus nombreuses – sont prises par les ministres qui se réunissent dans des conseils thématiques en fonction de leurs responsabilités, par exemple le Conseil des ministres de l'Environnement, le Conseil des ministres des Finances, etc.

Un ministre peut siéger dans plusieurs conseils en fonction de son champ de compétences.

Ces conseils sont le cœur des négociations entre les États. Ils donnent parfois lieu à des affrontements publics lorsque les positions et les intérêts sont opposés. C'est par exemple le cas des Conseils des ministres de l'Énergie autour des sujets liés au nucléaire ou les Conseils des ministres des Finances autour de la réforme des règles budgétaires. Pour préparer ces réunions et éviter qu'elles ne tournent à la foire d'empoigne, elles sont préparées par les équipes diplomatiques de tous les pays membres de l'Union qui sont organisées, pays par pays, dans des « représentations permanentes ». La « RP » française compte 200 diplomates et experts techniques qui portent la vision de la France tous les jours dans toutes les instances de négociation et de fabrication des lois européennes. Être le représentant permanent, c'est-à-dire le chef de cette équipe, est aujourd'hui l'un des postes les plus prestigieux de la diplomatie française.

Après la publication d'une directive ou d'un règlement par la Commission, ces textes sont négociés par les équipes diplomatiques des 27 États membres qui font des allers-retours permanents avec leurs capitales respectives, à la fois pour définir les positions de départ de chaque pays, mais aussi pour valider les compromis possibles. Une fois la position du Conseil établie, la négociation finale commence avec le Parlement européen dans les réunions de trilogue.

Ce fonctionnement peut paraître complexe. Et il l'est certainement. Mais on ne peut en aucun cas lui reprocher de ne pas être « démocratique ». À tous les moments de la procédure, les différentes institutions suivent les règles encadrées par les traités européens, et tous les points de vue sont entendus. Ensuite, des majorités décident, et c'est précisément la règle en démocratie. Et comme l'Union européenne est une construction historique inédite, il existe trois types de majorités, régies par les traités : l'unanimité, la majorité qualifiée et la majorité simple.

L'unanimité est toujours la règle par exemple pour la fiscalité et la politique étrangère. Elle reflète la volonté des États de conserver en ces matières un droit de veto. L'unanimité conduit souvent à la paralysie ou à des négociations sans fin avec l'État qui menace de poser son veto. Ce fut le cas par exemple avec la Hongrie de Viktor Orbán qui a longtemps bloqué l'adoption de nouvelles sanctions économiques contre la Russie, lesquelles doivent être prises à l'unanimité.

Dans les discussions françaises sur l'accord commercial Mercosur, des voix s'élèvent pour exiger que la France puisse mettre son veto à cet accord. Mais un accord commercial est aujourd'hui validé selon la règle de la majorité qualifiée. C'est le deuxième type de majorité pour départager les États membres. Une décision l'emporte quand elle réunit au moins 55 % des États membres (soit 15 sur 27) qui doivent peser au moins 65 % de la population européenne. L'inverse de la majorité qualifiée est la « minorité de blocage » qui réunit au moins 4 pays représentant au moins 35 % de la population européenne. Pour reprendre l'exemple du Mercosur, il est donc juridiquement impossible à la France de « mettre son veto » à cet accord.

Enfin arrive la règle de la majorité simple, que l'on connaît tous, à savoir 50 % des voix + 1. C'est celle qui organise la démocratie au Parlement européen qui ne connaît ni l'unanimité ni la majorité qualifiée, spécifique au Conseil.

L'art de négocier

Négocier est donc le maître mot à Bruxelles et à Strasbourg. Et, pour peser dans ces négociations, quelques règles s'imposent. Je les partage ici, fruit de mon expérience de près de dix ans au Parlement européen.

La première est d'accepter de décentrer son regard. Une négociation est nécessairement un compromis. Et on ne peut faire de compromis intelligent si l'on ne comprend pas les contraintes des autres négociateurs. Ainsi, en matière climatique, comment ne pas comprendre les réticences de la Pologne à s'engager pour la neutralité climat lorsqu'en 2019 près de 74 % de son électricité est encore produite par du charbon, héritage de l'ère soviétique, qui a localisé les centrales nucléaires du bloc de l'Est en Ukraine ou encore en Lituanie, mais pas en Pologne. Faut-il pour autant abandonner l'objectif de la neutralité climatique en Europe ? Non, bien sûr. Mais il faut un dispositif d'accompagnement adapté à la Pologne pour gérer cette situation spécifique sur le plan industriel et social. Et c'est exactement ce que nous avons fait en créant un Fonds de transition juste et un Fonds de modernisation, dont les territoires polonais les plus concernés par la diminution du charbon sont les grands bénéficiaires. Résultat, la Pologne n'a pas bloqué l'adoption de l'objectif climat, et, au premier semestre 2025, le charbon est tombé à moins de 50 % de la production d'électricité.

La deuxième règle est de comprendre que les négociations suivent pour l'essentiel une matrice à double entrée : une première entrée se lit au regard des intérêts nationaux ; la seconde, au regard des visions politiques, plus ou moins écologistes, sociales, libérales, conservatrices, pro- ou anti-européennes, etc. Les prises de position sur certains sujets sont d'abord motivées par la façon dont le débat se pose au niveau national. Par exemple, tous les députés européens français se sont exprimés contre l'accord commercial Mercosur au moment de sa signature par la Commission européenne, quelle que soit leur couleur politique. Et ces mêmes députés votent pour l'« exception culturelle » de manière unanime, défendant par exemple les droits d'auteur. À l'inverse, certains votes se cristallisent d'abord en fonction des visions idéologiques qui dépassent les frontières. C'est aujourd'hui le cas des tentatives de détricotage du Pacte vert, qui ne sont pas portées par un pays en particulier au nom de son intérêt national, mais par des forces politiques reprenant les mêmes arguments antiécologiques, que cela vienne de l'extrême droite allemande, espagnole, italienne ou française.

Enfin, troisième règle, subjective celle-là : parler *globish*. Cet anglais, pratiqué partout dans le monde, ne s'embarrasse pas de grandes figures stylistiques et doit sembler bien triste aux vrais anglophones, mais il permet de se parler en direct, sans le truchement des interprètes. Défendre cette position, c'est s'exposer aux critiques récurrentes sur la nécessité, au contraire, de défendre le français dans les instances européennes. Je suis néanmoins persuadé que l'impact de mon action, en tant que député européen français, aurait été moindre si je m'étais contenté de parler ma langue maternelle, notamment dans les réunions de négociations qui impliquent de l'agilité, de la vitesse dans les argumentaires. D'autant que nos voisins ne se posent pas cette question : Allemands, Néerlandais, Suédois, Ukrainiens… parlent couramment l'anglais international sans avoir l'impression de renier leur propre culture. Ils s'en servent pour renforcer leur capacité à convaincre, à négocier, à peser. Pourquoi devrions-nous nous priver de cette arme ? Cet anglais international n'est au fond pas si éloigné d'une langue neutre, sorte de volapük ou d'espéranto qui aurait réussi…

Remerciements

Je remercie mes équipes au Parlement européen, qui mettent, tous les jours, leur talent au service de cette noble cause, et sans qui rien de tout cela n'aurait été possible.

Table

INTRODUCTION – Des mines du Pas-de-Calais au Parlement européen 9

PREMIÈRE PARTIE

Les Européens face au Pacte vert

CHAPITRE 1 – Le Pacte vert : une révolution menacée 17

Une opportunité historique 18

Une révolution qui touche tous les domaines économiques.... 20

Le Pacte vert entre dans sa mise en œuvre… et rencontre des oppositions 22

Un avenir à écrire 26

CHAPITRE 2 – Les principaux objectifs du Pacte vert......... 29

Atteindre la neutralité carbone en 2050 30

Protéger et restaurer la biodiversité................................. 35

Articuler le Pacte vert avec nos objectifs économiques 37

Le Pacte vert au cœur des débats de souveraineté industrielle 40

CHAPITRE 3 – Une théorie du changement pour réussir le Pacte vert 43
Additionner les solutions 43
Des technologies complémentaires 45
Des outils innovants pour la puissance publique 47
Renforcer la planification écologique 50
Prendre le meilleur du public et le meilleur du privé 51
Contrer la polarisation du débat, recette de l'échec 53

CHAPITRE 4 – Le Pacte vert est-il injuste ? 56
« L'écologie, c'est pour les riches » 56
La création du Fonds social climat 58
Introduire un prix progressif du carbone 61
Des solutions accessibles pour tous : l'exemple de la voiture électrique 63
Accompagner les changements dans l'emploi 66
Construire le contrat social de la transition écologique 68

CHAPITRE 5 – Le Pacte vert menace-t-il notre pouvoir d'achat ? 70
Notre dépendance au prix du gaz fossile importé 71
Les prix de l'alimentation liés aux prix des énergies fossiles 73
Quel impact du Pacte vert sur les prix ? 74

DEUXIÈME PARTIE

Les transformations économiques du Pacte vert

CHAPITRE 6 – L'Europe est-elle résiliente face au changement climatique ? 81

L'Europe se réchauffe deux fois plus vite que le reste du monde 81
Pourquoi l'adaptation mobilise-t-elle si peu ? 83
Identifier les infrastructures à risque 87
Protéger les rendements agricoles 89
Investir dans de nouvelles solutions technologiques 91

CHAPITRE 7 – Le Pacte vert, atout ou handicap pour la compétitivité ? 93

Les ambiguïtés de la simplification 94
Simplifier en s'appuyant sur les faits 96
Le contre-exemple de la CSRD 98
Neutralité climatique et compétitivité 101

CHAPITRE 8 – L'impossible transition agricole ? 104

En finir avec la polarisation politique 105
Du « trumpisme européen » 107
L'échec de la loi sur les pesticides 112
Construire un consensus politique 116
Accompagner l'agriculteur dans ses prises de risque 120
Une alimentation saine a un coût 122

CHAPITRE 9 – Peut-on vraiment réussir la révolution de la route zéro émission ? 124

Des voitures zéro émission CO_2 *pour 2030* 125
Les constructeurs automobiles et le zéro émission en 2030 127
Soutenir, et l'offre, et la demande 129

L'Europe, productrice des technologies vertes (batteries, électricité, hydrogène...) 133
Le transport de marchandises routier 135
La prochaine étape : 2026 138

CHAPITRE 10 – Nucléaire contre renouvelables : enterrer la hache de guerre 141
Des avantages et inconvénients qui s'équilibrent 142
Une opposition qui nous fait perdre du temps 143
L'enjeu de la compétitivité 146
Toutes les technologies sont nécessaires 148

CHAPITRE 11 – Vers une économie européenne zéro déchet 154
Le lobbying des industries du fast-food et de l'emballage 154
C'est l'histoire d'un gobelet en « carton »... 156
70 % des emballages devront être recyclés en 2030 158
L'ère du « poubellien » 160
Lutter contre les plastiques à usage unique 162
Passer d'une économie linéaire à une économie circulaire 164

TROISIÈME PARTIE

L'Europe, le Pacte vert et le monde

CHAPITRE 12 – Le Pacte vert est-il compatible avec le libre-échange ? 171
Les relations complexes du climat et du commerce 172
« Donner des dents » à l'accord de Paris 173
Le serpent de mer du Mercosur 176
Mettre fin à la déforestation importée 179

CHAPITRE 13 – L'impact du Pacte vert européen sur le reste du monde 185

Un impact bien supérieur à nos 6 % d'émissions 186

Comment du café cultivé au Vietnam et consommé aux États-Unis respectera une règle définie… en Europe ! 188

Éviter un nouveau Rana Plaza 191

CHAPITRE 14 – La Chine, amie ou ennemie du Pacte vert européen ? 196

Lutter contre la fraude 197

Des produits ultrasubventionnés 199

Quel degré de dépendance sommes-nous prêts à accepter ? 202

Souveraineté, prix et vitesse de déploiement 204

CHAPITRE 15 – Le Pacte vert, arme de résistance face à Donald Trump 208

Une approche anticlimat et antiscience 209

Avec quelles conséquences pour l'Europe ? 212

Le climat fait partie de notre agenda de sécurité 215

QUATRIÈME PARTIE

Quel avenir pour le Pacte vert ?

CHAPITRE 16 – L'Europe a-t-elle les moyens financiers de ses ambitions écologiques ? 223

L'IRA ou la puissance de feu américaine 224

Un plan de relance européen historique 227

« Faire rouler » la dette publique européenne 229

Transformer le système financier 231

CHAPITRE 17 – Le Pacte vert, au péril de la montée de l'extrême droite 237

Le Pacte vert, nouvel ennemi à abattre pour l'extrême droite européenne 237
L'extrême droite, l'idiot utile des puissances fossiles 240
Le RN contre les intérêts de ses électeurs… 242
… et contre notre souveraineté… 243
… et contre la science 245

OUVERTURE – Gagner la bataille du progrès écologique 247

Créer les instances de négociations écologiques 248
Valoriser les politiques qui ont changé la donne 250
Avec l'écologie, garder le contrôle de nos vies 252
Le Pacte vert, outil de puissance pour l'Europe 255
Une écologie « régalienne » 257
Les héros du climat 259

ANNEXE – Qui décide quoi en Europe ? 263

Le Parlement : Strasbourg ou Bruxelles ? 264
La Commission européenne et ses différents pouvoirs 266
Le rôle du Conseil 271
L'art de négocier 274

Remerciements 277

*Cet ouvrage a été imprimé sur du papier
dont les fibres de bois proviennent
de forêts durablement gérées*

IMPRIM'VERT®

Cet ouvrage a été composé
en Adobe Garamond Pro
par Nord Compo
à Villeneuve-d'Ascq (Nord).

Cet ouvrage a été achevé d'imprimer
sur Roto-Page
par l'Imprimerie Floch à Mayenne
en septembre 2025

N° d'édition : 4150-1283-X – N° d'impression : 107752
Dépôt légal : octobre 2025
Imprimé en France